## 1 0歳児
### だい・だい・だいすき！保育園

子どもたちが楽し
いましょう。手作
のお気に入りです！

**積み木**

**イヌの引き車**

引っ張って、一緒にお散歩に出掛けよう！

▼小・大道具の
**ポイント**
ふだん遊んでいる玩具がそのまま小道具に！

空き箱をフェルトで包んだ簡単積み木。

衣装の
**ポイント**
特別な衣装はなしでもOK！スモックを着て普段の様子を伝えましょう。

遊んだ後は、
みんなでお片付け♪

**風船パウチ**

乗ったら…？ 感触がおもしろくて、何度も乗ってしまいます！

**ペットボトル電車**

子どもたちの大好きな電車をペットボトルで簡単に！

## 2 0歳児 お友達 みいつけた

どんなお友達に会えるかな？ 呼んでみよう！

にゃん太くん みいつけた！

**Back**

**にゃん太**

しっぽにはかわいいリボンを結んでいます。

### 衣装のポイント
カラー帽子と不織布でかんたんに！

身体の模様がポイントです。

**木**

切ったり、ちぎった色画用紙を貼って、色鮮やかに！

**木**

### 小・大道具のポイント
子どもがすっぽり隠れられる大きさにします。

**Back**

**がおー助**

三角のたてがみを付けるとライオンに！ スズランテープで毛を表現。

**わん太郎**

**Back**

カラー帽子に耳を付けると、かんたんにできます。

## 3 0・1歳児 だっこで"ぎゅっ"

かわいい動物さんたちが次々に登場！
お母さんに会えるかな？
抱っこで"ぎゅっ"してね。

 ブタの子

 アヒルの母 / アヒルの子

Back

ブタの母

カラーパンツも動物色に。

Back

フサフサのしっぽがかわいいね！

### 衣装のポイント
お面としっぽで動物の特徴を表現！お母さんには帽子をかぶせて違いを出しています。

ゾウの子 / ゾウの母

キリンの母

キリンの子

お母さんにはおしゃれな帽子！

Back

しっぽは色違いのおそろいに！

Back

Back

## 4 1歳児 あれ あれ だあれ?

あれあれ? 誰かの鳴き声が聞こえるよ。誰かな?

**イヌ**

Back

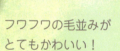

フワフワの毛並みがとてもかわいい!

**ヒヨコ**

大きなくちばしのヒヨコさん。元気いっぱいです!

Back

**カニ**

2本のハサミと大きな目玉が特徴です。

Back

### 衣装のポイント
カラー帽子と不織布を使って、テーマカラーのようにカラフルに。それぞれの生き物の特徴も生かしましょう。

# 5 1・2歳児 6ぴきの子ヤギ物語

「トントントン　お母さんよ」オオカミにだまされないように、子ヤギたちは頑張ります。

### Back

 子ヤギ

おそろいのベストで仲良しの子ヤギたち。

フリルのエプロンが素敵でしょ！

### Back

お母さんヤギ

**衣装のポイント**
ヤギは白が基本になりますが、ベストや帽子でカラフルにしましょう。

鼻や鼻先を立体的に仕上げると、オオカミらしくなります。

オオカミ

### Back

みんなでおやくそくまもれるかな？

## 6 1・2歳児 わくわく　お買い物

今日はカレーを作りましょう！
さあ、材料を買いに行きますよ。

ニンジンください

**お店**
段ボール板でお店を作ります。
お買い物が楽しくなりますね！

**小・大道具のポイント**
ごっこ遊びを楽しめるように本物に似せて作りましょう。子どもと一緒に作るといいですね。

**カレールウ**
空き箱に粘土を詰めます。

**肉**
弁当容器で売っているイメージをそのままに。

おかいものできた！

**タマネギ**
色画用紙を丸めて形を整えます。

**ジャガイモ**
色画用紙のクシャクシャでジャガイモっぽく。

**ニンジン**
葉っぱも付けて、新鮮なニンジンに！

**買い物袋**
ポリ袋に取っ手を付けるだけ。中身が見えるのがいいですね。

**子ども**
不織布のエプロンで、お手伝い！

お鍋に入れて

### 鍋

大きな鍋でおいしいカレーをいっぱい作りましょう！

できあがりましたよ！

### カレーライス

お皿に盛ると、とてもおいしそう！

いただきまーす！

おいしいね

# 7 1・2歳児 おむすびころりん

おむすびが穴にころころりん。
転がった先にはネズミの国がありました。

### 家
大きな家で、昔話のイメージが広がります。

### 穴
メッシュトンネルに色画用紙を巻くと、穴を通り抜けるイメージにぴったりです。

### 切り株
紙パックの椅子の端に、年輪を描いて切り株をイメージ。

### ウサギ
かんたんに作れるお揃いのベストで、仲良しウサギです。

### おじいさん おばあさん
不織布で色違いにすると、雰囲気が出ますね。帽子の形がポイントです。

**衣装のポイント**
カラー帽子と不織布で作ります。ベストは色違いにするといいですね。

**滑り台**

両側に色画用紙を貼って、土の中のイメージに。

**小・大道具のポイント**
実際の遊具に装飾するとかんたんです。

**びょうぶ**

ゴムボールに半紙をちぎって貼り付けます。

**おむすび**

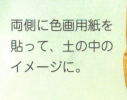

子どもたちが描いたびょうぶを使うと楽しくなります。

**杵&臼**

杵は紙パックを、臼は洗面器と洗濯籠でかんたんに。

**餅**

**いただきます**

**ネズミ**

シュレッダーをかけた紙をポリ袋に入れ半紙で包みます。

## 8　2歳児　大好きなみんなから ハッピーバースデー

今日は、大好きなお友達の誕生日。
みんなでびっくりプレゼントを用意したよ。
喜んでくれるかな？

**衣装のポイント**
シンプルなかわいい王冠でお祝い！
フェルトでやさしい風合いの王冠です。

誕生児

わあ！

飛び出す仕掛けでびっくり！

プレゼントBOX
びっくり箱

しかけ

蓋を開けるとカラフルなお花がいっぱい！
中には花束も！

プレゼントBOX
お花

**小・大道具のポイント**
プレゼントBOXは子どもと一緒に作ります

プレゼントBOX
ケーキ

みんなで一緒にデコレーション！

ろうそく

お誕生日おめでとう！

# 9 2歳児 けんかはやめやさ～い

お野菜のお友達。一緒に遊んで
けんかもするけど、その後は仲直り！

**Back**

### ピーマン
カラーポリ袋で、
ツヤのあるお野菜たち！

### キュウリ
モールを丸めてツブツブに。ターバンみたいな帽子が特徴です。

### 衣装のポイント
カラーポリ袋でやさしい色合いに。下に着る服は、白っぽいものを選びましょう。

### 赤パプリカ

### レンコン
カラーポリ袋を重ねて、穴のあいたレンコンさん！

### ニンジン
帽子にはモールで、ニンジンの葉っぱを表現！

### ドーナツ
色画用紙をクシャクシャにして、半分こドーナツに！

**Back**

### アレンジ
本書掲載のお話には登場しませんが、子どもたちが「やってみたい！」という野菜も作ってみました！

### トウモロコシ
帽子にはスズランテープを付けてひげに、粒々はエアクッションを使うと、イメージにぴったり！

### シイタケ
シイタケの笠が特徴的。スズランテープで筋を付けています。

# 10 2歳児 楽しい変身！ファッションショー

大きな布で遊んだ後は、色を染めて、素敵なお洋服を作りましょう！
さあ、ファッションショーの始まりです！

\\ オーエス！ // \\ オーエス！ //

ふわっと落ちてきた大きな布で、まずは綱引きです！

次はバスに変身！
みんなで乗って、GO！GO！

= ファッションショーの
はじまり〜！ =

軽快なBGMに乗せて、舞台に立ったら決めポーズ！

いい笑顔！

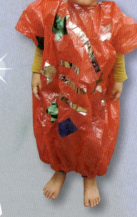

\\ 舞台でポーズしてね！ //   ドキドキ

よーし、白い布をきれいな色に染めて、素敵なお洋服に！
みんなでお披露目しましょう。

### 衣装のポイント

カラーポリ袋は、照明を当てると光るので最適です。キラキラ素材で装飾して、もっと華やかに！

# 子どもと作る 衣装のポイント

子どもがごっこ遊びから劇あそびへと進む際、衣装や大道具を一緒に作るといいですね。
衣装の基本は保育者が作り、キラキラテープのり付きや、折り紙、フェルトなど、装飾を子どもたちが思い思いに貼り付けると、衣装への愛着も湧きます。衣装を飾ったり着たりして、みんなでお披露目しても楽しいでしょう。子どもの遊びをどんどん広げていきましょう。

## 基本の作り方

衣装の基本パターンです。前と後ろ同じ形を用意し、縫い（貼り）合わせます。

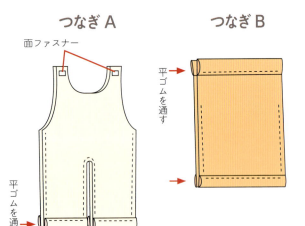

つなぎA／つなぎB

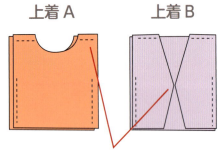

上着は、襟ぐりや前面の切り方を変えるだけで、いろいろな形になります。

上着A／上着B／上着C

肩やボタン部分は、【つなぎA】のように面ファスナーにすると脱ぎ着が簡単になります。

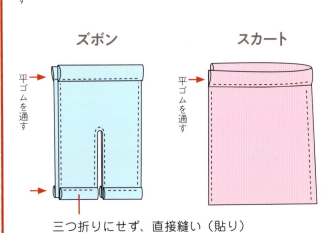

ズボン／スカート

三つ折りにせず、直接縫い（貼り）付けると、より簡単に作れます。

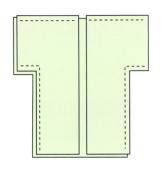

上着 袖あり

- 裏返した状態で縫い合わせ、表に返します。
- 不織布は糸で縫い、カラーポリ袋は両面テープで貼り付けます。
- 体型に合わせて、長さや幅を調整しましょう。
- 裾は、折り返して縫う（貼る）と丈夫になります。

## はじめに

　年に一度の発表会。「今、何をしたらいいのかしら？」「私、台本書けるかしら？」「子どもたち、楽しく出来るかしら？」"いろんな悩みも少しずつ薄らぎますように"。そんな思いをこの本に込めました。ページをめくってみてください。楽しい様子が徐々に広がっていきますよ。

　ただし、本書に掲載しているのはあくまで参考です。自分の園やクラスに合ったものをプラスしたりマイナスしたりしながらオリジナルの作品が完成しますよう望んでいます。

島津多美子

### 本書の特長

### ふだんのあそびから発表会へ

0・1・2歳児の子どもがふだん楽しんでいる遊びや親しんでいる絵本から、ごっこ遊びが広がり、発表会へと広がるアイディアを紹介しています。

### 衣装・小道具・大道具

衣装や小道具・大道具があるだけで、子どもの意欲は膨らみます。時には、子どもと一緒に作ってみてもいいですね。

### 発表会を盛り上げる音楽CDつき

お話の流れを盛り上げる歌入りCDがついています。子どもの動きに合わせるなら、CDを参考にしてピアノを弾きましょう。CDを流して演じてもOKです。

### 本書の見方

**子どもの姿に合わせて選ぶポイント／子どもの育ち・ねらい**
子どもの姿に合わせて選ぶ参考にしてください。

**ふだんのあそび**
子どもが楽しむ遊びを紹介。たっぷり楽しみましょう。

**アナウンス例**
発表会当日、子どもの姿を保護者に伝える参考にしてください。

**衣装・小道具・大道具**
お話を盛り上げるアイディアを紹介。子どもの姿に合わせてアレンジしてください。

**流れ**
一例を紹介しています。子どもの姿に合わせてどんどんアレンジしてください。

**楽譜**
お話のイメージが広がるアレンジ楽譜です。CDをご使用の際には、CD番号をご確認ください。

# もくじ

- かんたん　かわいい　衣装＆小道具・大道具 ……… 2
- 子どもと作る　衣装のポイント ……………………… 16
- はじめに／本書の特長／本書の見方 ………………… 17
- 0・1・2歳児の発表会、日常の姿を保護者へ ……… 20
- 劇あそびの進め方・考え方 …………………………… 21

## 1　0歳児　だい・だい・だいすき！　保育園 … 22

- ●こんなクラスにオススメ！ ………… 22
  子どもの姿に合わせて選ぶポイント
  子どもの育ち・ねらい
  ふだんのあそび
- ●衣装 ……………………………… 3・24
  小道具
- ●流れ ………………………………… 25
- ●楽譜 ………………………………… 27

**遊び**
0歳児に最適のお話です。お返事"ハイ"はどんな表現方法でもOKです。ふだん保育室で遊んでいる様子をそのまま見てもらうので練習もなく、衣装もスモックのみで、参観などでも楽しめます。

| 曲名 | 歌入り | 歌なし | 原曲 |
|---|---|---|---|
| ちょうちょう | ー | 01 | ー |
| ちょちちょちあわわ | 02 | 07 | ー |
| あがりめさがりめ | 03 | 08 | ー |
| はじまるよ　はじまるよ | 04 | 09 | ー |
| ちょうちょう・はとメドレー | ー | 05 | ー |
| おかたづけ | 06 | 10 | ー |

## 2　0歳児　お友達　みいつけた … 32

- ●こんなクラスにオススメ！ ………… 32
  子どもの姿に合わせて選ぶポイント
  子どもの育ち・ねらい
  ふだんのあそび
- ●衣装 ……………………………… 4・34
  大道具
- ●流れ ………………………………… 35
- ●楽譜 ………………………………… 38

**絵本**
自分の名前に気付き、反応し、自分なりの返事をします。それができたら自分の役にも興味をもち、衣装を着るとなり切る楽しさも芽生えてきます。そのかわいらしさは見る人たちを笑顔にし、拍手をたくさんもらえること間違いなしです。

| 曲名 | 歌入り | 歌なし | 原曲 |
|---|---|---|---|
| だれでしょう | 11 | 16 | いとまき |
| わんわんわん | 12 | ー | ー |
| にゃんにゃんにゃん | 13 | ー | ー |
| がおーがおーがおー | 14 | ー | ー |
| みんなでなかよく | 15 | 17 | ロンドン橋 |

## 3　0・1歳児　だっこで"ぎゅっ" … 40

- ●こんなクラスにオススメ！ ………… 40
  子どもの姿に合わせて選ぶポイント
  子どもの育ち・ねらい
  ふだんのあそび
- ●衣装 ……………………………… 5・42
  大道具
- ●流れ ………………………………… 43
- ●楽譜 ………………………………… 46

**絵本**
絵本『だっこで　ぎゅっ』は、子どもたちの大好きな動物たちが登場するお話です。繰り返しのおもしろさを楽しみます。言葉だけではなく、歌も同じ曲で歌詞が変わるので、繰り返しのおもしろさを楽しめます。

| 曲名 | | 歌入り | 歌なし | 原曲 |
|---|---|---|---|---|
| あんよがじょうず | アヒル編 | 18 | 23 | おおきなくりのきのしたで |
| | ブタ編 | 19 | | |
| | キリン編 | 20 | | |
| | ゾウ編 | 21 | | |
| 好き好き大好き | | 22 | 24 | どんぐりころころ |

## 4　1歳児　あれ　あれ　だあれ？ … 48

- ●こんなクラスにオススメ！ ………… 48
  子どもの姿に合わせて選ぶポイント
  子どもの育ち・ねらい
  ふだんのあそび
- ●衣装 ……………………………… 6・50
  大道具
- ●流れ ………………………………… 51
- ●楽譜 ………………………………… 54

**絵本**
誰でも答えることができる、身近な動物たちが登場。歌も繰り返しなので覚えやすく、練習はほぼ必要としません。参観日にもおすすめです。保護者の協力を得て親子で楽しく表現できるお話です。

| 曲名 | | 歌入り | 歌なし | 原曲 |
|---|---|---|---|---|
| あれあれ　だあれ | | 25 | 32 | 雨ふり |
| だれでしょう | イヌ編 | 26 | 33 | ロンドン橋 |
| | ヒヨコ編 | 28 | | |
| | カニ編 | 29 | | |
| | お母さん編 | 30 | 34 | |
| ピンポン　ピンポン　ピンポン（正解の音） | | ー | 27 | ー |
| ぎゅっ　ぎゅっ　してね | | 31 | 35 | むすんでひらいて |

## 5　1・2歳児　6ぴきの子ヤギ物語 … 58

- ●こんなクラスにオススメ！ ………… 58
  子どもの姿に合わせて選ぶポイント
  子どもの育ち・ねらい
  ふだんのあそび
- ●衣装 ……………………………… 7・60
  大道具
- ●流れ ………………………………… 61
- ●楽譜 ………………………………… 63

**民話**
原作は『おおかみと7ひきの子やぎ』です。年齢やクラスの人数に合わせ、場面設定をアレンジしたり、お話の長さを調整したりするとおもしろいです。題名も考えてみるといいですね。約束を守るということに焦点を合わせるとよいでしょう。

| 曲名 | | 歌入り | 歌なし | 原曲 |
|---|---|---|---|---|
| ばれて逃げてった | ガラガラ声編 | 36 | 39 | ぶんぶんぶん |
| | 真っ黒い手編 | 37 | | |
| おるすばん | | 38 | 40 | 豆まき |

### 6  1・2歳児
## わくわく　お買い物 ………… 66

- ●こんなクラスにオススメ！ ……… 66
  子どもの姿に合わせて選ぶポイント
  子どもの育ち・ねらい
  ふだんのあそび
- ●衣装 …………………………… 8・68
  小道具・大道具
- ●流れ …………………………… 69
- ●楽譜 …………………………… 72

**絵本**
ふだんの保育の積み重ねを劇あそびという形に構成しました。特に子どもたちが大好きなごっこ遊びを取り入れながら、カレー作りへと発展します。今までに経験したことを取り入れているので、子どもも無理なく楽しめます。

**CD**

| 曲名 | 歌入り | 歌なし | 原曲 |
|---|---|---|---|
| ドレミファだいじょーぶ | ー | 41 | ー |
| みつばちマーチ | ー | 42 | ー |
| カレーライスのうた | 43 | 45 | ー |
| おもちゃの兵隊のマーチ | ー | 44 | ー |

### 7  1・2歳児
## おむすびころりん ………… 76

- ●こんなクラスにオススメ！ ……… 76
  子どもの姿に合わせて選ぶポイント
  子どもの育ち・ねらい
  ふだんのあそび
- ●衣装 ………………………… 10・78
  小道具・大道具
- ●流れ …………………………… 79
- ●楽譜 …………………………… 83

**民話**
子どもたちにも人気の、老若男女、誰もが知っているお話です。1歳児と2歳児が合同で劇あそびをするのに最適です。せりふや身振りなどは同じ場面でも年齢の違いが表現できます。たくさんの出演になるので場面がにぎわいます。

**CD**

| 曲名 | 歌入り | 歌なし | 原曲 |
|---|---|---|---|
| 拍子木 | ー | 46 | ー |
| 故郷 | ー | 47 | ー |
| ヒュー　トン（おむすびが穴に落ちる音） | ー | 48 | ー |
| おむすび　ころころりん　1番 | 49 | 54 | ごんべさんのあかちゃん |
| 　　　　　　　　　　　　2番 | 50 | | |
| 　　　　　　　　　　　　3番 | 51 | | |
| もちつき | 52 | 55 | ー |
| ネズミのくにには | 53 | 56 | グーチョキパーでなにつくろう |

### 8  2歳児
## 大好きなみんなからハッピーバースデー … 86

- ●こんなクラスにオススメ！ ……… 86
  子どもの姿に合わせて選ぶポイント
  子どもの育ち・ねらい
  ふだんのあそび
- ●衣装 ………………………… 12・88
  小道具
- ●流れ …………………………… 89
- ●楽譜 …………………………… 92

**絵本**
一年に一度の待ちに待った誕生日。誕生会をそのまま劇あそびにしました。色々なプレゼントは子どもたちも一緒に作ります。バースデーケーキも登場でうれしさ倍増。お祝いする側もされる側もうれしいお話です。

**CD**

| 曲名 | 歌入り | 歌なし | 原曲 |
|---|---|---|---|
| ジャッジャジャーン（蓋を開ける音） | ー | 57 | ー |
| ハッピー・バースデー・トゥー・ユー | 58 | 60 | ー |
| ビヨヨ〜ン（びっくり箱を開ける音） | ー | 59 | ー |

### 9  2歳児
## けんかはやめやさ〜い ………… 94

- ●こんなクラスにオススメ！ ……… 94
  子どもの姿に合わせて選ぶポイント
  子どもの育ち・ねらい
  ふだんのあそび
- ●衣装 ………………………… 13・96
  小道具・大道具
- ●流れ …………………………… 97
- ●楽譜 …………………………… 100

**絵本**
『おやさい生活絵本シリーズ』は、子どもが納得する状態でお話が聞けるのがいいですね。楽しい中にお約束が理解でき伝わるのは理想です。演じるからこそ、伝わることもあり、お楽しみ会やお別れ会などで、保育者が演じてもよいですね。

**CD**

| 曲名 | | 歌入り | 歌なし | 原曲 |
|---|---|---|---|---|
| 仲直り | 貸して編 | 61 | 66 | おちゃらかホイ |
| | 半分こ編 | 62 | | |
| | 順番編 | 63 | | |
| | じゃんけん編 | 64 | | |
| ケンカのあとは | | 65 | 67 | アルプス一万尺 |

### 10  2歳児
## 楽しく変身！ファッションショー … 102

- ●こんなクラスにオススメ！ ……… 102
  子どもの姿に合わせて選ぶポイント
  子どもの育ち・ねらい
  ふだんのあそび
- ●衣装 ……………………… 14・104
  小道具・大道具
- ●流れ …………………………… 105
- ●楽譜 …………………………… 108

**遊び**
2歳児と一緒に創っていけます。ふだんの保育の中での遊びを再現するとともに、その後をみんなで相談し発展させていきます。遊ぶ楽しさ、想像する喜び、発表する誇らしさ、すべてが含まれています。プログラムのラストにも最適！

**CD**

| 曲名 | 歌入り | 歌なし | 原曲 |
|---|---|---|---|
| ヒョ〜ン（布が落ちる音） | ー | 68 | ー |
| おんまはみんな | ー | 69 | ー |
| ピューン（スタートの音） | ー | 70 | ー |
| みんなで行こう | 71 | 76 | フニクリ・フニクラ |
| 布は何色？ | 72 | 73 | 八百屋のお店 |
| ねこふんじゃった | ー | 74 | ー |
| 山の音楽家 | ー | 75 | ー |

コラム①　発表会のお悩みQ＆A❶ ……… 39
コラム②　保護者への伝え方 ……………… 57
コラム③　発表会のお悩みQ＆A❷ ……… 65
コラム④　便利！　お面の型紙 …………… 93
おわりに／CD音源ご使用の許諾と禁止事項について … 112

# 0・1・2歳児の発表会、日常の姿を保護者へ

　0・1・2歳児、この時期の子どもの成長は数か月違っても大きな違いがあることに驚かされる時があります。

　この年齢の発表会では、一人ひとりその差があることを常に念頭においた上で、進めることが大切です。同年齢でも十人十色であってもいいのではないでしょうか。否定するのではなく、全て認め、次の段階にあがろうとする後押しをしてあげられるよう心掛けたいものです。

　発表会当日は、ふだんの保育の延長で、のびのびと楽しく、会場のみんなからの思いの込もった温かい拍手がもらえますよう、願ってやみません。この機会を得て、子どもたちがより一層成長することを期待しています。

## 0歳児は

言葉で話すことができませんが、保育者との信頼関係のもと園で安心して過ごしている姿を見ていただきたいですね。発表会当日はいつもと場所が違ったり、多くの人がいるという緊張感もあるかと思います。言葉がけをしながら進めていきましょう。

## 1歳児は

少しずつ語彙数も増え、お友達が言っているのを聞いて、まねっこして遊ぶ時期です。絵本からのまねっこも楽しみます。子どもの興味や関心を広げて発表会につなげていきましょう。

## 2歳児にもなると、

会話が成立するようになり、2歳児後半ともなると言葉で自分の思いを表現することも次第に出来るようになってきます。少しずつ成長している姿を発表会で伝えていきましょう。

## 劇あそびの進め方・考え方

発表会の劇あそびは、毎日の保育の延長として、子どもの姿を保護者に見ていただきたいですね。無理なく進めるためのヒントを紹介します。

### 1 ふだんの保育で楽しんだものを題材に

ふだんから紙芝居や絵本などに触れる機会を多くとるようにしましょう。その中から子どもたちが印象に残り、目を輝かせて聞いていたお話を候補にあげましょう。

### 2 遊びを通して内容を深める

候補にあがったお話の中から子どもたちの現状をふまえ、また何を表現したいのかなどを考え、ひとつに絞ります。その後はペープサートや寸劇など違った方法で工夫し楽しみながら内容を深めていきます。

### 3 子どもの姿を台本にいかす

台本作成に入ります。その際、子どもから自然と出た言葉や遊びの中で自由に身体表現していた様子を加え、子どもたちの思いを出来るだけ受け止め、内容をより一層充実させるよう努めましょう。

### 4 ごっこ遊びで色々な役を

ごっこ遊びの中で、役を交代して楽しんでいるうちに「わたしはこの役をやってみたいなぁ」（年齢に差はあります）という思いが確かになっていきます。

### 5 楽しみながら練習を

保育の中で楽しみながら練習を重ねます。年齢やクラスの状況などを考慮に入れ、時間などにも配慮しましょう。回を重ねるたびに「劇あそび、今日もしたいね」という気持ちになるのが理想です。

### 6 発表会当日を迎えて

一人ひとりの子どもたちが、ふだんの延長として楽しめるよう、全力でサポートしましょう。うまくいかない状況もあるかと思いますが、その部分もありのままを受け止めていきましょう。

### 7 発表会を終えて

発表会で終わるのではなく、「発表会楽しかったね、今日もしたいね」と子どもの興味を広げながら、ごっこ遊びを引き続き楽しめるといいですね。使った衣装や小道具・大道具を保育室に置いておき、余韻を楽しみながら自由に遊べるようにしておくのもいいですね。

**0歳児**

# だい・だい・だいすき！保育園

**こんなクラスにオススメ！**

保育の一端をそのまま見てもらい、保護者の方々にも安心していただくよう考えました。子どもと遊ぶ保育者の笑顔や関わりの様子などにも気を付けて共に楽しみましょう。衣装もスモックなので普段の保育中の様子が伝わります。

### 子どもの姿に合わせて選ぶ ポイント

劇遊びという形式にこだわるのではなく、ふだんの園生活の様子をそのままおうちの方々に見ていただく、そういった流れで構成しています。日々自由に変化する子どもたちの表現が見ている人を笑顔にします。

### 子どもの育ち・ねらい

0歳児はまだおしゃべりはできません。同じ場面でも月齢によって表現の方法は様々です。一人ひとりの表現を認めていくことが次の育ちへとつながっていきます。

## ふだんのあそび

### 〇〇ちゃん・・・

1対1のコミュニケーションを大事にしながら、名前を呼んでみましょう。

**育ちの姿より**

「はい」とまだ言えない時期です。自分の名前を呼ばれたら、手をあげる、その場で立つなどを生活の中で繰り返すことによって身についていきます。身近な友達のまねっこをして次の表現へとつながっていきます。自分の名前を認識する大切な段階です。

〇〇ちゃん…

## 🌸 手作りおもちゃが大好き！

子どもの月齢に合わせた手作りおもちゃでたくさん遊びましょう。

> **育ちの姿より**
>
> 身近な廃品や一工夫加えたアイディアおもちゃが遊びの場で大活躍。興味をもって遊ぶことにより、手の器用さ、バランス感覚の習得などいろいろなことがしぜんに身につきます。

### 小道具おもちゃ

**❶ 積み木**

お座りを始めた子どもにぴったりの積み木。空き箱にフェルトを巻いてやさしい肌触りに。

**❷ ペットボトル電車**

並べたり、くっつけたり、ブッブーと走らせたり、簡単に作れる電車です。

**❸ イヌの引き車**

歩き始めた子どもが楽しい引き車。イヌのお散歩に行ってきます！

**❹ 風船パウチ**

空気の弾力が楽しいおもちゃです。持ったり、叩いたり、上に乗ったりといろいろ楽しめます。

**1　0歳児　だい・だい・だいすき！保育園**

## 衣装

●スモック

子ども — スモックを着る

## 小道具

材料
●空き箱 ●紙パック ●新聞紙 ●フェルト ●ペットボトル ●磁石 ●ボトルキャップ ●カラービニールテープ
●色画用紙 ●ひも ●スズランテープ ●竹串 ●風船 ●圧縮袋 ●段ボール箱 ●写真 ●ブッカー

### 積み木

- 空き箱に新聞紙を詰める
- フェルトを貼り付ける

### ペットボトル電車

- ペットボトルにカラービニールテープを巻く
- 先端と底に磁石を貼り付け、カラービニールテープでカバーする
- カラービニールテープで窓などを貼る

### 片づけ箱×4

- 段ボール箱に色画用紙を貼る
- 写真を貼る
- ブッカーを全面に貼る

### イヌの引き車

- 紙パックに色画用紙を貼る
- ひもを繋げる
- 色画用紙を巻き、輪にする
- 紙パックの下の方に穴を開ける
- スズランテープを三つ編みする
- ボトルキャップに穴をあけ、竹串を通す。ビニールテープで先端を保護する

### 風船パウチ

- 風船を膨らませる
- 圧縮袋に入れて圧縮する

## 流れ

**アナウンス例**
入園して◯か月、日々成長の様子を見せてくれる0歳児のお友達。今日はその一端を皆さんにご覧いただきます。0歳児のかわいらしい表情をお楽しみください。

**1 0歳児　だい・だい・だいすき！保育園**

| 保育者 | ここは、みんなの大好きな◯◯保育園です。今日も元気いっぱいのお友達が集まりました。 |

### 登場の場面

- CD 01 BGM 『ちょうちょう』（楽譜 p.27）　　子どもたち登場

| 保育者 | おはようございます |
| 子ども全員 | おはようございます |

言葉はでないと思われるのでおじぎするのみと予想される

| 保育者 | お名前を呼ばれたら、お手々をあげてお返事してね。〔子どもA〕ちゃん |
| 子どもA | は〜い |

手をあげて表現する。

| 保育者 | 〔子どもB〕ちゃん |
| 子どもB | は〜い |

手をあげて表現する。
子ども一人ひとり名前を呼んで手をあげる

### 手遊びの場面

- CD 02 歌 『ちょちちょちあわわ』（楽譜・手遊び p.28）
- CD 03 歌 『あがりめさがりめ』（楽譜 p.29・手遊び p.28）
- CD 04 歌 『はじまるよ　はじまるよ』（楽譜・手遊び p.30）

ふだんよくしている手遊びをする。
低月齢の子どもは保育者と1対1で遊ぶ。

### 好きな遊びの場面

| 保育者 | あっ！　◯◯（積み木、手作りおもちゃ　など）がありましたよ。一緒に遊びましょう。 |

- CD 05 BGM 『ちょうちょう』『はと』メドレー（楽譜 p.31）

各園で子どもたちが興味を示し、楽しんでいる遊びをする。のびのびと遊んでいる状態を見てもらう。

片付けの場面

CD 06 歌 『**おかたづけ**』(楽譜 p.29)
♪おかたづけ　おかたづけ
　さあさみなさん　おかたづけ
　おかたづけ　おかたづけ
　さあさみなさん　おかたづけ

保育者　○○園での楽しい遊びの一場面をご覧いただきました。
最後に皆さんに「さようなら」をしましょう。

子ども全員　さようなら

片付けをする。

おじぎをする。

アナウンス例
ご覧いただいている皆さんの笑顔が印象的でした。一人ひとりの成長の様子を目の当たりにし、感動的だったのではないでしょうか。今後の成長も大いに期待できる0歳児の姿でした。

## 楽譜

🎵 BGM

# ちょうちょう

作詞：野村秋足　スペイン民謡　編曲：白石 准

難しければ最後の小節を前奏にする

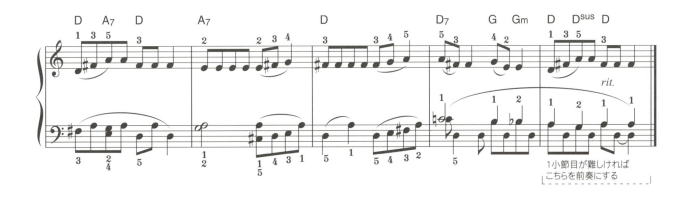

1小節目が難しければこちらを前奏にする

0歳児 だい・だい・だいすき！保育園 1

## ちょちちょちあわわ

02 歌入り
07 歌なし

わらべうた　編曲：白石 准

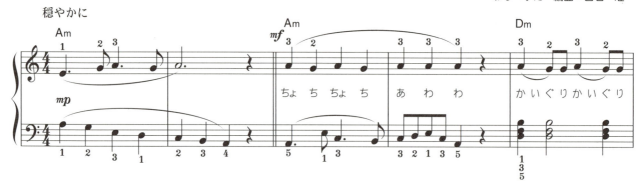

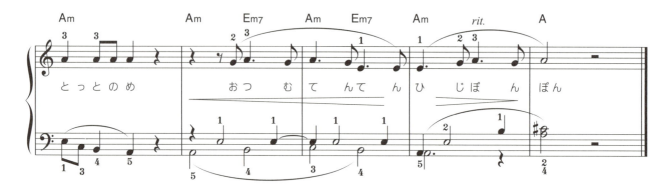

### ちょちちょちあわわ

| ① ちょちちょち | ② あわわ | ③ かいぐり かいぐり | ④ とっとのめ | ⑤ おつむてんてん | ⑥ ひじぽんぽん |

2回手をたたく。　手のひらで口元を軽く3回たたく。　かいぐりをする。　両手で目元を3回たたく。　両手のひらで頭を軽く3回たたく。　両方の肘を1回ずつたたく。

### あがりめさがりめ　『あがりめさがりめ』の楽譜は右ページ

| ① あがりめ | ② さがりめ | ③ ぐるりとまわって | ④ ねこのめ |

両手の指先で目尻を上げる。　目尻を下げる。　目尻を回す。　真ん中に寄せる。

# おかたづけ

作詞・作曲：不詳　編曲：白石 准

# あがりめさがりめ

わらべうた　編曲：白石 准

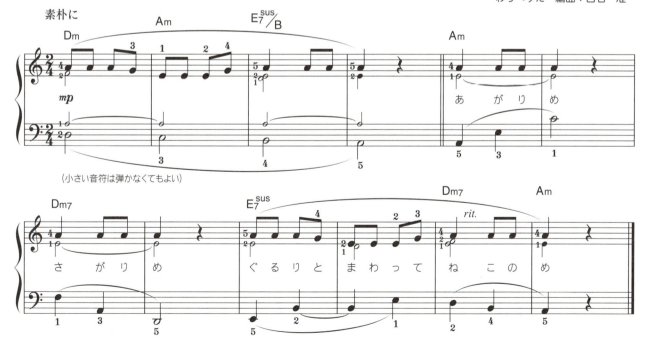

# はじまるよ はじまるよ

04 歌入り
09 歌なし

作詞・作曲：不詳　編曲：白石 准

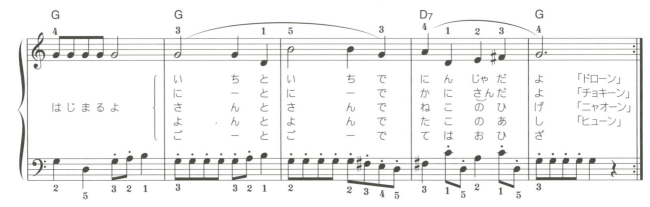

### 1番

① はじまるよ はじまるよ
　はじまるよったら はじまるよ

左右で3回ずつ手をたたく。2回繰り返す。

② いちといちで

人差し指を立て、片方ずつ出す。

③ にんじゃだよ

忍者が変身するポーズをする。

④ 「ドローン」

横に振る。

### 2番〜5番

① はじまるよ はじまるよ
　はじまるよったら はじまるよ
1番の①と同じ。

### 2番

② にとにで

2本の指を立て、片方ずつ出す。

③ かにさんだよ

カニのはさみの形で、左右に振る。

④ 「チョキーン」

切るしぐさをする。

### 3番

② さんとさんで

3本の指を立て、片方ずつ出す。

③ ねこのひげ

ほおでネコのひげを作る。

④ 「ニャオーン」

招き猫の手をする。

### 4番

② よんとよんで

4本の指を立て、片方ずつ出す。

③ たこのあし

体の前でゆらゆらと手を揺らす。

④ 「ヒューン」

横に飛んでいくように振る。

### 5番

② ごとごで

5本の指を立て、片方ずつ出す。

③ てはおひざ

両手を膝の上におろす。

# 『ちょうちょう』『はと』メドレー

作詞：野村秋足　スペイン民謡　／　文部省唱歌　編曲：白石 准

**1** ０歳児　だい・だい・だいすき！保育園

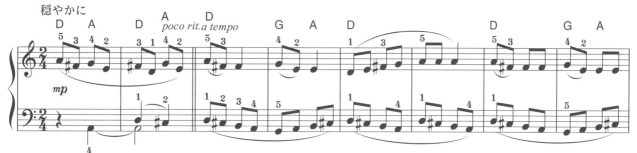

（小さい音符は弾かなくてもよい）

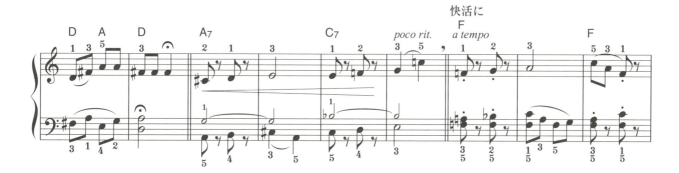

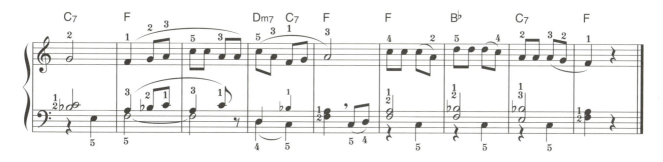

# お友達 みいつけた

0歳児 2

**こんなクラスにオススメ！**
規模のあまり大きくない園にお勧めの台本です。縦割り保育の良いところを活用し、よりいっそうの充実を図りたいものです。

### 子どもの姿に合わせて選ぶ ポイント
名前を呼ばれたら自分だと認識できるようになると、次は役になって登場する楽しさも経験したいものです。素敵な衣装を着るとかわいさ倍増！ 1・2歳児の元気な共演も舞台を盛り上げます。

### 子どもの育ち・ねらい
登場人物になりたい気持ちが次第に高まります。お兄さん・お姉さんと共演することにより楽しさも増します。劇遊びのおもしろさを味わうきっかけにもなるでしょう。

## ふだんのあそび

### 🌸 絵本を楽しもう！

0歳児から楽しめる絵本です。穴から動物の体の一部が見え、当てっこ遊びができます。子どもとふれあいながら、「次は何が出てくるかな？」と遊びましょう。

『みいつけた』 La zoo／作
あらかわしずえ／絵
株式会社学研プラス／発行

#### 育ちの姿より
次々と出てくる動物に興味を持つ時期です。繰り返しが心地よく、ふれあいながら楽しみましょう。

次は何が出てくるかな？

# 2 0歳児 お友達 みいつけた

はーい

○○ちゃん

## 「は〜い」のお返事を！

朝の集いや普段の保育の中でも、自分の名前を呼ばれたら「はい」とお返事をする習慣が身についていきます。

### 育ちの姿より

名前を呼ばれたら自分のことだとわかってきます。保育者に呼ばれることがうれしい時期。1対1のコミュニケーションを大切にしながら関わりましょう。

## たくさんの応援をうけて

ふだんの遊びの中で、1・2歳児も加わって、やり取りを楽しみましょう。

### 育ちの姿より

0歳児だけでなく、1・2歳児も加わって練習に参加することにより、お互いの存在価値を子どもなりに理解し、楽しむようになります。

みーつけた！

## 衣装

**材料:** ●不織布 ●フェルト ●平ゴム ●カラー帽子 ●綿 ●スズランテープ ●面ファスナー ●リボン

### わん太郎
- カラー帽子
- 綿を不織布で包む
- 面ファスナー
- 《しっぽ》不織布を細く巻く

### にゃん太
- カラー帽子
- 綿を不織布で包む
- フェルトを貼る
- 《しっぽ》不織布を細く巻く
- リボンを結ぶ

### がお一助
- カラー帽子
- 綿を不織布で包む
- スズランテープの束を貼り付ける

## 大道具

**材料:** ●段ボール箱 ●色画用紙 ●段ボール板

### 木

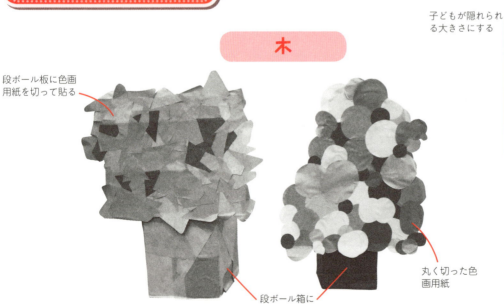

- 段ボール板に色画用紙を切って貼る
- 段ボール箱に色画用紙を貼る
- 丸く切った色画用紙

子どもが隠れられる大きさにする

## 流れ

> **アナウンス例**
> 子どもたちにとって身近な、誰もが知っている動物たちが登場します。園のお兄さん、お姉さんも応援してくれます。会場のみなさんも鳴き声がしたら「みいつけた」と声を掛けてください。ご協力をお願いします。それでは開幕します。

**2 0歳児 お友達 みいつけた**

| 保育者 | 今日はとってもいい天気、動物さんたちのかくれんぼが始まりました。 |

**わん太郎の場面**

| 保育者 | どんな動物さんが見つかるかな？ |

🎵 CD ⓫ 歌 『だれでしょう』（『いとまき』のメロディで　楽譜p.38）
　♪だれだれだれでしょ
　　だれだれだれでしょ
　　みんなであてっこ　トントントン
　　なきごえきいて　あてっこしよう

🎵 CD ⓬ 声 『わんわんわん』　　　　　　　わん太郎、木の後ろから登場

| 1・2歳児 | みいつけた | 客席から声を掛ける |
| 保育者 | イヌのわん太郎くーん |
| わん太郎 | はーい |
| 保育者 | ぼくはイヌのわん太郎だよ。よろしくね。 |

**にゃん太の場面**

| 保育者 | 次は誰が見つかるかな？ |

🎵 CD ⓫ 歌 『だれでしょう』（『いとまき』のメロディで　楽譜p.38）
　♪だれだれだれでしょ
　　だれだれだれでしょ
　　みんなであてっこ　トントントン
　　なきごえきいて　あてっこしよう

🎵 CD ⓭ 声 『にゃんにゃんにゃん』　　　にゃん太、木の後ろから登場

| 1・2歳児 | みいつけた | 客席から声を掛ける |

35

| 場面 | 役 | セリフ | 備考 |
|---|---|---|---|

**がおー助の場面**

| 保育者 | ネコのにゃん太くーん |
|---|---|
| にゃん太 | はーい |
| 保育者 | ぼくはネコのにゃん太だよ。よろしくね。 |

にゃん太くーん

| 保育者 | わん太郎くん、にゃん太くん、みんな、元気いっぱいのお友達ですね。あら、まだ向こうで大きな声が聞こえるよ！ |
|---|---|

CD⑪歌 『だれでしょう』(『いとまき』のメロディで 楽譜 p.38)
♪だれだれだれでしょ
　だれだれだれでしょ
　みんなであてっこ　トントントン
　なきごえきいて　あてっこしよう

CD⑭声 『がおーがおーがおー』　　　がおー助、木の後ろから登場

| 1・2歳児 | みいつけた | 客席から声を掛ける |
|---|---|---|
| 保育者 | ライオンのがおー助くーん | |
| がおー助 | はーい | |
| 保育者 | ぼくはライオンのがおー助。よろしくね。 | |

**本人としての場面**

| 保育者 | そうだ！　◯◯園のお友達も一緒に楽しく遊びましょう。みんなで呼びましょう | |
|---|---|---|
| | △△△△ちゃん（わん太郎役の子どもの名前） | 一人ずつ、子どもの名前を呼ぶ |
| △△△△ | はーい | 呼ばれたら1歩前に出る |

## 2 ０歳児 お友達 みいつけた

| 保育者 | □□□□くん（にゃん太郎役の子どもの名前） |
|---|---|
| □□□□ | はーい |
| 保育者 | ☆☆☆☆ちゃん（がおー助役の子どもの名前） |
| ☆☆☆☆ | はーい |

◎CD ⑮歌 『みんなでなかよく』
（『ロンドン橋』のメロディで　楽譜 p.38）

♪みんなで　なかよく
　あそぼ　あそぼ
　ラララ　ララ
　たのしい

全員で手をつないで歌う

♪みんなで なかよく

アナウンス例
０歳のお友達、１・２歳のお兄さんお姉さんに応援してもらい、とっても楽しそうでしたね。お返事も上手にできました。これからもみんなで楽しく遊びましょうね。

## 楽譜

🔘 ⑪ 歌入り
🔘 ⑯ 歌なし

# だれでしょう

(『いとまき』のメロディで)
替え歌詞：島津多美子　編曲：白石 准

🔘 ⑮ 歌入り
🔘 ⑰ 歌なし

# みんなでなかよく

(『ロンドン橋』作詞不詳 イギリス民謡のメロディで)
替え歌詞：島津多美子　編曲：白石 准

(小さい音符は弾かなくてもよい。その場合、指使いも変わる)
(左手は難しければ強拍だけ弾く)

🔘 ⑫ 声　『わんわんわん』　　🔘 ⑬ 声　『にゃんにゃんにゃん』　　🔘 ⑭ 声　『がおーがおーがおー』

コラム1

# 発表会のお悩みQ&A

発表会に向け、保育者がよく悩んでいることについて、アイディアを紹介します。

**Q 役はどう決めたらいいですか？**

A 一番大切なのは子ども本人の思いです。どんなごっこ遊びを楽しんでいるのか、どんな役に興味があるのか、クラスの状況をよく知っているのは担任です。色々なことを加味し、みんなが納得した上で進めることが大切です。場合によっては、子どもの様子に合わせて役の人数も多くしたり少なくしたりしてもいいでしょう。保護者には理解してもらえるよう、子どもの様子を話して協力体制を仰ぎましょう。

**Q 衣装の基本の素材は何がいいですか？**

A 衣装の基本の素材は、布が丈夫で脱ぎ着もしやすいですが、ミシンが使えないという方もいらっしゃるかも…。そのような場合は、不織布やカラーポリ袋が、色も豊富で扱いやすく、作りやすくておすすめです。両面テープや接着剤で貼り合わせ、時にはグルーガンなどを使う方法もあります。装飾は、子どもも一緒に参加すると楽しみながらできます。

**Q 練習と本番の場所が異なる時の留意点はありますか？**

A 保育室での練習と遊戯室でする本番では、広さが違うので戸惑うと思います。低年齢児に対しては自分の立つ位置にシールを貼るなどして、わかりやすいように工夫しておきましょう。当日までに、何度か本番の場所で過ごせるといいでしょう。

A 自園以外の場所でする場合は施設の配置図などを入手し、把握しておきましょう。子どもの緊張が和らぐよう、保育者が戸惑わないことが大切です。

## 3 0・1歳児

# だっこで "ぎゅっ"

**こんなクラスにオススメ！**
衣装を作るのが苦手…。そんな時はお面としっぽ、カラーパンツでOK！ 保育参加のときに親子でするごっこ遊びとしても楽しめます。

### 子どもの姿に合わせて選ぶ ポイント
子どもの心をひきつけるお話には、親しみを感じる動物がよく登場します。かわいかったり、身近だったり、大好きだったりする動物が繰り返し展開。最後に自分のお母さんとのふれあいで最高潮に達します。

### 子どもの育ち・ねらい
1歳児後半にもなると、少しずつお話しができるようになってきます。せりふは同じ繰り返し。一人もしくは何人かで同じせりふが言えるようになるのは成長です。最後のお母さんからの"だっこでぎゅっ"の大きなごほうびは満足感に。

## ふだんのあそび

### 🌸 絵本を楽しもう！

動物たちがかわいい動きをして、大好きな人にぎゅっ！ 読むだけでなく動物の動きに合わせて、まねっこ遊びにも発展できます。親子でのスキンシップもたくさんとれる優しいふれあい絵本です。
『だっこで ぎゅっ』
山岡ひかる／作　ひかりのくに／発行

### 🌸 だっこでぎゅ！
「〇〇ちゃーん」と名前を呼んで、ぎゅーっと抱っこしましょう。好きだよ！ という気持ちが伝わります。

ぎゅ〜

### 育ちの姿より
心を寄せている保育者や母親が受け止めてくれることは、子どもには安心感になります。気持ちを込めてギュッ！ この体験が今後の育ちに大きく影響すると思われます。

## 🌸 動物まねっこ

絵本を見ながら、動物の鳴き声や動きをまねしてみましょう。

### 育ちの姿より

保育者が動物の鳴き声や動きをまねすることで、子どもが興味を持ちます。子どもも保育者のまねをして、一緒に楽しみます。

## 🌸 当てっこクイズ！

保育者が画用紙に動物を描いていきながら、当てっこクイズで遊びましょう。動物の特徴や鳴き声などをヒントにしてもいいでしょう。出た動物のまねをするのも楽しいです。

### 育ちの姿より

子どもがまねっこを楽しむようになり、興味のある動物の名前が言えるようになったら、当てっこ遊びが楽しくなります。

**3　0・1歳児　だっこで"ぎゅっ"**

## 衣装

材料 ●色画用紙 ●不織布 ●毛糸 ●輪ゴム ●針金 ●綿

※お面の型紙は p.93

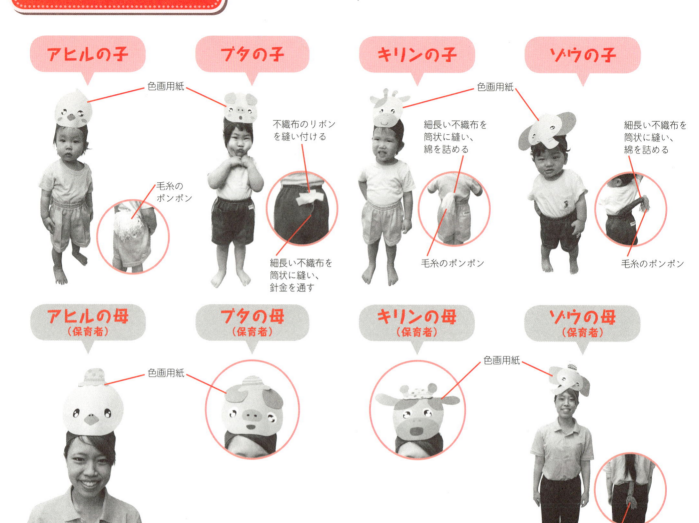

## 大道具

材料 ●段ボール箱 ●段ボール板 ●色画用紙 ●椅子

### 草

段ボール箱に色画用紙を貼る

段ボール板に色画用紙を貼る

## 流れ

> **アナウンス例**
> 誰もが知っている動物たちの温かい母子のお話です。繰り返しの歌も楽しみながらご覧ください。

| ナレーター | みんなが大好きなかわいい動物さんたちが上手に歩いてやってきましたよ。 | |

### アヒルの場面

🎵 CD ⑱歌 ─ **『あんよがじょうず』アヒル編**
（『おおきなくりのきのしたで』のメロディで　楽譜 p.46）

♪あんよが　おじょうず　ヨチヨチヨチ
　きいろい　およそうふく
　とっても　おにあいよ
　おしり　ふりふり　ラララララン

アヒルの子、前に出る

| ナレーター | かわいいアヒルさんたちがやってきましたよ。 | |
| アヒルの子 | お母さん、み〜つけた！ | |
| アヒルの母 | みんな、おいで！<br>好き好き、大好き、抱っこでぎゅっ！ | 母子でぎゅっとする |
| ナレーター | 大好きなお母さんに抱っこされて、ぎゅっ！<br>アヒルさんたちのうれしい笑顔がいっぱいです。 | |

### ブタの場面

🎵 CD ⑲歌 ─ **『あんよがじょうず』ブタ編**
（『おおきなくりのきのしたで』のメロディで　楽譜 p.46）

♪あんよが　おじょうず　ペチペチ　トントントン
　ピンクの　およそうふく
　とっても　おにあいよ
　ポッチャリ　おなかで　ブーブーブー

アヒルの子、前奏で椅子に戻る
ブタの子、前に出る

| ナレーター | かわいいブタさんたちがやってきましたよ。 | |
| ブタの子 | お母さん、み〜つけた！ | |
| ブタの母 | みんな、おいで！<br>好き好き、大好き、抱っこでぎゅっ！ | 母子でぎゅっとする |
| ナレーター | 大好きなお母さんに抱っこされて、ぎゅっ！<br>ブタさんたちもうれしい笑顔がいっぱいです。 | |

3　0・1歳児　だっこで"ぎゅっ"

キリンの場面

🎵CD ⑳歌 ○─ 『あんよがじょうず』キリン編　　　ブタの子、前奏で椅子に戻る
　　　　　　　（『おおきなくりのきのしたで』のメロディで　楽譜p.46）
　　　　　　　♪やさしい　おめめで　　　　　　　　　　　キリンの子、前に出る
　　　　　　　　ながい　おくびが　じまんです
　　　　　　　　あんよが　おじょうずよ
　　　　　　　　ゆったり　ゆったり　あるいてく

ナレーター▶　やさしいお目めのキリンさん。
　　　　　　長いお首をゆらゆら揺らしながらやってきましたよ。

キリンの子▶　お母さん、み〜つけた！

キリンの母▶　みんな、おいで！　　　　　　　　　　　　　母子でぎゅっとする
　　　　　　好き好き、大好き、抱っこでぎゅっ！

ナレーター▶　大好きなお母さんに抱っこされて、ぎゅっ！
　　　　　　キリンさんたちもうれしい笑顔がいっぱいです。

ゾウの場面

🎵CD ㉑歌 ○─ 『あんよがじょうず』ゾウ編　　　　キリンの子、前奏で椅子に戻る
　　　　　　　（『おおきなくりのきのしたで』のメロディで　楽譜p.46）
　　　　　　　♪あんよが　おじょうず　ドドドッシン　　　ゾウの子、前に出る
　　　　　　　　でっかい　からだで　ドドドッシン
　　　　　　　　ながい　おはなを　フリフリフリ
　　　　　　　　ドッシン　ドッシン　あるいてる

ナレーター▶　お鼻がなが〜い、お目めのかわいいゾウさんがやってきました。

ゾウの子▶　お母さん、み〜つけた！

ゾウの母▶　みんな、おいで！　　　　　　　　　　　　　母子でぎゅっとする
　　　　　　好き好き、大好き、抱っこでぎゅっ！

ナレーター▶　大好きなお母さんに抱っこされて、ぎゅっ！
　　　　　　ゾウさんたちもうれしい笑顔がいっぱいです。

全員の場面

| ナレーター | みんなの大好きなお母さん（やお父さん）たち、集まりましょう。<br>やさしいお母さん（やお父さん）たち、かわいい子どもたちを呼んでください。 | 保護者、舞台にあがる |

| お母さんたち全員 | お帰りなさい<br>好き好き、大好き。みんな大好き<br>抱っこでぎゅっ！ | 親子でぎゅっとする  |

◎CD㉒歌　『好き好き大好き』
（『どんぐりころころ』のメロディで　楽譜p.47)

♪みんな　そろって　たのしいね
　やさしい　かあさん（とうさん）　みつけたよ
　すきすき　だいすき　ギュッギュッギュッ
　ばいばい　さよなら　さようなら

手をつないで、
会場に手を振りながら退場

 アナウンス例
体も心もホッカホカになるお話でしたね。スキンシップの大切さも知りました。これからも、時々、お膝に座って"ギュッ"を忘れないでできるといいですね。

3　0・1歳児　だっこで"ぎゅっ"

# 楽譜

- ⑱ 歌入り アヒル編
- ⑲ 歌入り ブタ編
- ⑳ 歌入り キリン編
- ㉑ 歌入り ゾウ編
- ㉓ 歌なし

# あんよがじょうず

(『おおきなくりのきのしたで』作詞不詳　イギリス民謡　のメロディで)

替え歌詞：島津多美子　編曲：白石 准

# 4

**1歳児**

## あれ あれ だあれ？

**こんなクラスにオススメ！**
お話に興味を持って聞けるようになる時期の子どもたち。ふだんの遊びからうまく導入して"お話大好き"になれるきっかけとなります。

### 子どもの姿に合わせて選ぶ ポイント
鳴き声＝動物の名前で覚える段階の子どもたち。鳴き声の当てっこが楽しく展開します。

### 子どもの育ち・ねらい
鳴き声で当てっこ遊びを楽しみ、身近な動物の正確な名称を知っていきます。お母さんに抱きしめてもらい、たっぷりの愛情に包まれていることを肌で感じ取ります。

## ふだんのあそび

### 絵本を楽しもう！

「あれ あれ だあれ？」かくれている動物たちはだあれかな？ イヌさんやヒヨコさん、最後にはお母さんが登場。親子に楽しさとともに、安堵感を与えます。繰り返し何度も遊べる赤ちゃん絵本です。

『あれ あれ だあれ？』
中川ひろたか／文　村上康成／絵
ひかりのくに／発行

#### 育ちの姿より
見えないけれど、そこにあるという認識ができてくる頃です。見えたり隠れたりすることや、出てくることを期待して出てきたことを楽しみます。一緒に味わいましょう。

### あれ あれ だあれ？

子どもと向かい合って、「あれ あれ だあれ？」を楽しみましょう。子どもの様子に合わせて、手を少しずらしたり、指の隙間から目をのぞかせたりしてみましょう。

あれあれ だあれ？

## 指人形を使って当てっこしよう!

いろんな動物の指人形を用意し、鳴き声や特徴を言いながら、指人形と一致させて遊びましょう。

### 育ちの姿より
指人形を使うことにより、より一層楽しく興味をもって話が聞けます。

あれ あれ だあれ?

ウッキーキー

**4　1歳児　あれ あれ だあれ?**

## 保育参加の日に!

お母さん、お父さん、おうちの方などが参加する機会を捉え、一緒に楽しく遊びましょう。

あれ あれ だあれ?

### 育ちの姿より
親子のスキンシップが楽しくなり、"もっともっと"の声も聞こえるかも。充実した保育参加の日になりそうです。

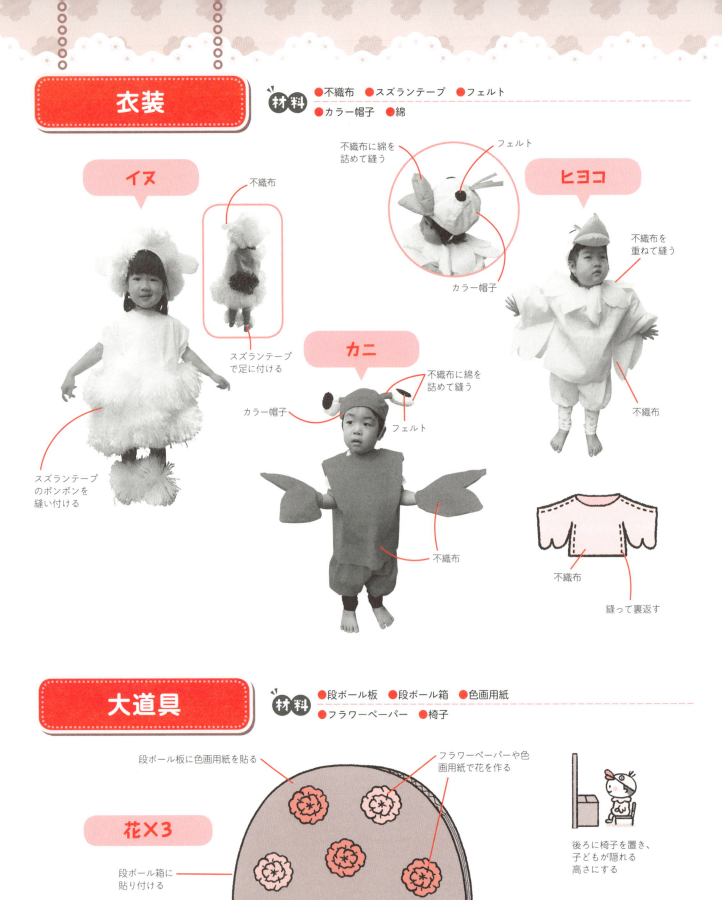

## 流れ

**アナウンス例:** 『あれあれ だあれ』の絵本を見たとき、当てっこのおもしろさを味わって楽しんでいるようでした。「せんせい、もういっかい！」と何度もリクエストがあるお話です。

**CD㉕ 歌** ― 『あれあれ だあれ』
（『雨ふり』のメロディで　楽譜p.54）
♪あれ　あれ　だれだれ　だれでしょう
　みんなで　あてっこ　たのしいね
　ランラランラ　ランラランラ　だれでしょう

**ナレーター** ▶ 初めに出てくるのは誰でしょう？
みなさんも一緒に当てっこをしてくださいね

（後ろに座る　登場後、左右の椅子に座る）

### イヌの場面

**CD㉖ 歌** ― 『だれでしょう』イヌ編
（『ロンドン橋』のメロディで　楽譜p.55）
♪だれでしょう　だれでしょう
　おみみ　すまして
　だれかの　なきごえ
　きいてごらん

**イヌ** ▶ ワンワン　ワンワン　　　　　　イヌ、花の後ろから登場

**会場の子ども** ▶ あっ　イヌさん

**CD㉗ 効果音** ― 『ピンポン　ピンポン　ピンポン』（正解の音）　椅子に座る

### ヒヨコの場面

**ナレーター** ▶ 次は誰でしょう？

**CD㉘ 歌** ― 『だれでしょう』ヒヨコ編
（『ロンドン橋』のメロディで　楽譜p.55）
♪だれでしょう　だれでしょう
　しろい　おうち
　パカんと　われて
　こんにちは

**ヒヨコ** ▶ ピヨピヨ　ピヨピヨ　　　　　　ヒヨコ、花の後ろから登場

**会場の子ども** ▶ あっ　ヒヨコさん

**CD㉗ 効果音** ― 『ピンポン　ピンポン　ピンポン』（正解の音）　椅子に座る

### 4　1歳児　あれ あれ だあれ？

## カニの場面

**ナレーター** ▶ 次は、ヒントです。
はさみを持っています。

◎ CD ㉙ 歌 ─ 『だれでしょう』カニ編
（『ロンドン橋』のメロディで 楽譜p.55）
♪だれでしょう　だれでしょう
　チョッキン　ハサミと　よこあるき
　ランララン　ランランラン
　たのしい

**カニ** ▶ チョキ　チョキ　チョキ　チョキ　横歩き　　カニ、花の後ろから登場

**会場の子ども** ▶ あっ　カニさん

◎ CD ㉗ 効果音 ─ 『ピンポン　ピンポン　ピンポン』（正解の音）　椅子に座る

## お母さんの場面

**ナレーター** ▶ 最後は、みんなが世界でいちばん大好きな人ですよ！

◎ CD ㉚ 歌 ─ 『だれでしょう』お母さん編
（『ロンドン橋』のメロディで 楽譜p.55）
♪だれでしょう　だれでしょう
　せかいで　いちばん
　だいだいだいすき
　ラララ
　せかいでいちばん
　だいだいだいすき

**お母さん** ▶ みんな　大好きよ　　お母さん、会場から登場

**舞台の子どもたち** ▶ お母さんだ！

◎ CD ㉗ 効果音 ─ 『ピンポン　ピンポン　ピンポン』

| ナレーター | 大好きなお母さんに会えてよかったね。
ぎゅっ、ぎゅっ、ぎゅっ。
いっぱい抱き締めてもらいましょう。 |

お母さんが抱き締める

抱っこされたまま退場

◎CD ㉛ 歌 ─ 『ぎゅっ　ぎゅっ　してね』
(『むすんでひらいて』のメロディで　楽譜 p.56)

♪だいすきな　おかあさんに
　あえてよかった　よかったね
　ぎゅっ　ぎゅ　ぎゅ　ぎゅっ　ぎゅっ
　ぎゅっ　ぎゅっ　してね
　おねがい　おねがい　もういっかい

| ナレーター | 大好きなお母さんに抱っこされ、
まだまだ当てっこ遊びは続きそうです。
楽しい笑顔がいっぱいです |

アナウンス例
大好きなお母さんに"ぎゅっ、ぎゅっ、ぎゅっ"は最高です。子どもたちの"もういっかい…"という気持ちが素直に伝わってきますね。親子ともに安ど感をもたらす温かいお話でした。

4　1歳児　あれ あれ だあれ？

## 楽譜

🔴㉕ 歌入り
🔴㉜ 歌なし

# あれあれ だあれ

(『雨ふり』 作詞：北原白秋　作曲：中川晋平　のメロディで)
替え歌詞：島津多美子　編曲：白石 准

**コラム2**

# 保護者への伝え方

発表会を1年の集大成とする園も多いのではないでしょうか。
子どもの成長した今の姿を保護者に伝えるための呼び掛け方や、協力のお願いのアイディアを紹介します。

## みんなが主役！

役を決める際には、子どもの興味や思いに寄り添いながら、"どの役も大事だよ。この役はこのお話では大事なんだね"ということを年齢に合わせて、わかりやすく話すことが大切です。同じく保護者に対しても、参観や懇談、その他の話す機会を得て、納得していただけるよう伝えましょう。それぞれの役があって、一緒に一つのお話を作っていっていることの共有も、子どもにとってはとても大事な経験です。

## 練習の様子を参観

発表会当日までの経過点として参観してもらうのもよいと思います。ごっこ遊びを楽しんでいるところや、大道具・小道具を作っているところなどを見てもらうことで、より理解を得られることでしょう。発表会が、普段の保育の延長、成長の姿をより見てもらう機会とするなら、参観での過程を見てもらうことが子どもたちを励ましてくれることにもつながる、よい機会となります。

## 発表会当日の協力お願い

発表会当日は子どもたちのやる気を奮い立たせるためにも拍手や手拍子、声掛けなどの協力を徹底しておくことも必要です。保護者の顔や声が安心にもつながるでしょう。当日の緊張を和らげるために、保護者にも少し早めに来ていただいて子どもと接する時間をつくることも一つです。

## 発表会終了後に

頑張っていたこと、よかったところを褒めることを忘れないようアナウンスをしましょう。保護者からの温かい言葉や抱擁などの容認が、子どもの情緒的な安定や意欲にもつながります。一人ひとりの子どもたちが、より一層成長するきっかけになればと思います。

**1・2歳児**

# 6ぴきの子ヤギ物語

**このクラスにオススメ！**
世界の童話や日本昔話などには、楽しい中にも教訓らしいものがよくあります。約束を理解し始める頃に、ひとつのきっかけとしておすすめです。

### 子どもの姿に合わせて選ぶポイント

誰もが知っている『おおかみと7ひきの子やぎ』のお話を基に年齢に合わせて書き下ろしました。簡素化された内容になっていますが、教訓としてしっかりと子どもたちの心に残ることでしょう。

### 子どもの育ち・ねらい

お母さんヤギとの約束をしっかり守ろうとする子ヤギたち。兄弟で心を合わせて約束を達成できた充実感を味わうと同時に、母の愛情も強く感じるよい機会ともなります。

## ふだんのあそび

### 🌸 絵本を楽しもう！

『おおかみと7ひきの子やぎ』の物語を、抑揚をつけて読み聞かせをしましょう。紙芝居や大型絵本を用いてもいいですね。

**育ちの姿より**

原作のあらすじを知っておくことも大事です。絵本の読み聞かせをして物語に親しみましょう。他の名作童話、日本昔話なども同様です。ねらいや教訓もしっかり押さえておくようにしましょう。

## オオカミごっこを楽しく！

「トントントン、母さんよ」の名せりふを変えて、いろんな手段を講じるオオカミ役と子ども役を交代して遊んでみましょう。

### 育ちの姿より

その都度、違う理由が出てくるとおもしろいですね。オオカミは悪役になっていますが、手や声以外の理由が出てくると、はまり役になるかもしれません。

### オオカミにつかまるな！

準備：子ヤギとオオカミのお面を作ります。カラー帽子を使ってもいいです。

1. 中央にラインを引き、オオカミ（保育者）がライン上に立ちます。
2. 子ヤギ（子ども）はオオカミに捕まらないように、ラインの向こう側へ通り抜けます。
3. オオカミに捕まったらオオカミになり、別の子ヤギを捕まえます。

### 子ヤギのしっぽ取り

準備：子ヤギとオカミのお面、スズランテープを束ねたしっぽを作ります。

1. オオカミ（保育者）が子ヤギ（子ども）のしっぽを取りに追いかけます。
2. 子ヤギ全員のしっぽを取られたら終わりです。

### 子ヤギ＆オオカミめくり

準備：段ボール板（A4）の片面に子ヤギ、もう片面にオオカミの絵を貼り、縁をカラービニールテープで覆います。

1. カードを、子ヤギとオオカミが同数になるようにして、床に置きます。
2. 子どもたちは2チームに分かれます。「スタート！」の合図で、自分のチームの絵に返します。時間を決めて表になっている枚数が多いほうが勝ちです。

## 衣装

材料：●不織布 ●布 ●フリル ●厚紙 ●スズランテープ ●フェルト ●平ゴム ●綿 ●面ファスナー ●毛糸 ●カラー帽子

### お母さんヤギ
- 不織布に綿を詰める
- 不織布
- 不織布の帯
- 面ファスナー
- フリル
- 不織布
- 円形に切った布
- フリルを縫い付ける
- ギャザーを入れながら、平ゴムを縫い付ける

### 子ヤギ①〜⑥
- カラー帽子
- 不織布のリボンを付ける
- 不織布

### オオカミA
- フェルト
- 不織布
- 毛糸のポンポン
- 不織布で足の形を作り、ズボンに縫い付ける
- 1本のスズランテープに複数のスズランテープを付け、基本の衣装に貼る
- 土台に不織布をかぶせ、形を整える
- 厚紙
- ホッチキスで留める

## 小道具・大道具

材料：●段ボール箱 ●段ボール板 ●色画用紙 ●布

### ドア
- 布を貼る
- 切り抜く　どの窓からも子どもの顔が見えるように
- 段ボール板に色画用紙を貼る
- 段ボール箱に貼り付ける
- 手を入れられるくらいの広さの穴を開ける

## 流れ

**アナウンス例**
"絶対にドアを開けてはいけません"そのお約束を6匹の子ヤギたちは守れるのでしょうか。オオカミが家に入ろうとするのを、断固として阻止しようとする子ヤギたちの奮闘ぶりをご覧ください。

**5 1・2歳児 6ぴきの子ヤギ物語**

| | | |
|---|---|---|
| ナレーター | あるところにお母さんヤギと6匹の子ヤギが住んでいました。<br>子ヤギたちは仲良く遊んでいます。<br>お母さんは今からお買い物に出掛けます。 | |
| お母さんヤギ | オオカミが来ても、絶対ドアを開けてはいけませんよ | |
| 子ヤギたち全員 | は〜い。お母さんいってらっしゃい | |
| お母さんヤギ | 行ってきます | お母さんヤギ退場 |
| ナレーター | お母さんは、お買い物に出掛けて行きました。<br>子ヤギたちはお母さんとの約束を守り、仲良く遊んでお留守番をしていました。<br>そこへオオカミがやって来ました。 | |
| オオカミA | トントントン。お母さんよ。 | オオカミA登場。ガラガラ声で言う |
| 子ヤギ① | お母さんじゃない | |
| 子ヤギ② | おまえはオオカミだ | |
| オオカミA | ばれたか | |

◎CD ㊱歌 ○『ばれて逃げてった』ガラガラ声編
（『ぶんぶんぶん』のメロディで　楽譜p.63）

♪トントントン　かあさんよ
　ガラガラ　おこえで　おまえは　おおかみ
　ばれた　にげてった　　　　　　　　　　オオカミA退場

（オオカミA　ガラガラ声の場面）

| | | |
|---|---|---|
| ナレーター | いろいろ頑張ってきれいな声になったオオカミさん。<br>また、子ヤギたちの家にやって来ましたよ。 | |
| オオカミB | トントントン。お母さんよ。 | オオカミB登場。きれいな声で言う |
| 子ヤギ③ | 声はきれいだね | |

（オオカミB　真っ黒い手の場面）

| | | |
|---|---|---|
| **子ヤギ④** | 手を見せて | オオカミB、扉の穴に手を入れる |
| **子ヤギ⑤** | 真っ黒だ | |
| **子ヤギ⑥** | お母さんじゃない | |
| **子ヤギたち全員** | おまえはオオカミだ | |
| **オオカミB** | ばれたか | |

◎CD ㊲ 歌 ○─『ばれて逃げてった』真っ黒い手編
（『ぶんぶんぶん』のメロディで　楽譜p.63）
♪トントントン　かあさんよ
　まっくろ　おててだ　おまえは　おおかみ
　ばれた　にげてった

オオカミB 退場

【お留守番終わりの場面】

| | | |
|---|---|---|
| **ナレーター** | オオカミは、とっとと逃げて行きました。そこへお母さんが、帰ってきました。 | |
| **お母さんヤギ** | ただいま | お母さんヤギ登場 |
| **子ヤギたち全員** | お帰りなさい。みんなで頑張ったよ | |

◎CD ㊳ 歌 ○─『おるすばん』（『豆まき』のメロディで　楽譜p.64）
♪おやくそく　まもったよ
　おおかみ　とっとと　にげてった
　こころあわせて　おるすばん

| | | |
|---|---|---|
| **ナレーター** | 留守中のことを聞いたお母さん。お約束を守ってドアを開けなかった子ヤギさんたちは、無事にお留守番が出来たことをいっぱい褒めてもらいました。そして、お母さんは、みんなをぎゅっと抱きしめました。 | お母さんヤギと子ヤギたち、みんなでギュッとする |

**アナウンス例**
子ヤギたち、きちんとお約束を守れましたね。ご家庭でも、ぜひ、ギュッと抱きしめてください。子どもたちもお約束を守れたことがうれしく、誇りに思うことでしょう。

# 楽譜

- 歌入り ガラガラ声編
- 歌入り 真っ黒い手編
- 歌なし

# ばれて逃げてった

（『ぶんぶんぶん』ボヘミア民謡のメロディで）
替え歌詞：島津多美子　編曲：白石 准

5 1・2歳児 ６ぴきの子ヤギ物語

# おるすばん

コラム3

# 発表会のお悩み Q&A

発表会に向けて、また、当日、保育者がよく悩んでいることについて、アイディアを紹介します。

### Q ピアノ伴奏はどうしたらいいの？

**A** 音楽は、劇あそびには欠かせません。子どもがふだん慣れ親しんでいる曲を使うとよいでしょう。子どもの様子を見ながらピアノを弾いたり、効果音を鳴らしたりすると、イメージが広がります。子どもと息を合わせることが大切です。
本書についているCDをご活用いただいてもいいでしょう。高音では明るい雰囲気に、低音では怖い雰囲気になりますので、アレンジを加えたり、また、保育者の声で歌って録音し、当日流すのも一つです。

### Q 本番前、子どもがぐずります。どうしたらいいですか？

**A** 発表会は、子どもも保育者も緊張する日です。どうしてもふだん通りとはいかないこともあるでしょう。保育者の緊張が子どもに伝わらないように関わりましょう。
ふだんの様子からぐずりそうだなと思われる子どもには早めに登園してもらい、始まる前に保育者と1対1で向き合う時間を作るなどするのも一つです。そうすることで、ほかの子どもを迎え入れる気持ちになり、気持ちのゆとりを持てるようになります。

### Q 本番中、子どもが泣いて進まない…。どうしたらいいですか？

**A** ふだんできていても、本番になると泣きだしてしまうこともあります。子どもの様子を見ながらフォローに入りましょう。寄り添って一緒にセリフを言ったり、手をつないで導いたりして、不安を和らげましょう。その様子も、子どもの今の姿です。
終わった後、保護者には、ふだんの様子も伝えながら、「今日は、少し緊張していましたね。これからいろいろな経験をして、少しずつ成長していきます。安心してください。成長が楽しみですね」など伝えると、保護者も安心することでしょう。

## 6月 1・2歳児

# わくわく　お買い物

**こんなクラスにオススメ！**
疑似体験を楽しみ、ごっこ遊びへとつなげ、少しずつ社会の仕組みを知ったり、お手伝いをしようとしたりするきっかけになればと思います。

### 子どもの姿に合わせて選ぶ ポイント
お手伝いをするのが大好きな子どもたち、はじめて体験することにドキドキです。ごっこあそびが発展して発表会につながっていきます。

### 子どもの育ち・ねらい
ごっこ遊びの経験を基に子どもたちからの言葉を受け止め、お話に盛り込みました。お店の人とのやり取りやシステムにも関心を持ち、お手伝いをする楽しさを味わうきっかけにもなります。

## ふだんのあそび

### 絵本を楽しもう！

かばくんが、お母さんといろいろな店でお買い物。花屋さん、金物屋さん、肉屋さんなど、それぞれの店先に並ぶ品物を見ていきます。お買い物が楽しくなる絵本です。

『かばくんのおかいもの』
作・絵／ひろかわさえこ
発行／あかね書房

**育ちの姿より**
身近な生活の場面の絵本です。自分もやってみたい！　とごっこ遊びが始まります。お散歩の途中や遊びの合い間などで読んでみてもいいですね。

「今日のカレーはパパがつくる！」「ぎゅうにく角切りゴロンゴロン」「かたち色々これがパパカレー」。パパのカレーができるまでの様子を、とっても美味しそうなイラストと、リズミカルな文章で描かれた絵本です。

『パパ・カレー』
作・絵／武田美穂　発行／ほるぷ出版

### 手遊びでカレーを作ろう！

p.74の手遊びでカレーを作りましょう。

**育ちの姿より**
楽しく手遊びをしながら、カレーの具材や調理方法について知り、自分たちでカレーを作ってみようと思う気持ちを受け止め、劇あそびへと発展させます。

## ごっこ遊びを楽しく！

ふだんの保育の中で、ままごとやお買い物ごっこをして遊びましょう。売る人、買う人、作る人、食べる人など役を交代して楽しみましょう。

> **育ちの姿より**
> ごっこ遊びを楽しむ頃です。ふだんの保育の中で色々なごっこ遊びを経験することが大切です。

カレールウください

まぜまぜ

今度は大きなお鍋で…

## 実際にお買い物へ！

散歩の機会などを利用して八百屋、果物屋、肉屋などを訪ねてみましょう。

> **育ちの姿より**
> 絵本の中のことを実際に見たり、聞いたりすることで、ごっこ遊びに発展したり、生活への興味が広がったりします。商品の陳列の様子や客と店員のやり取りなどを観察し、より一層お買い物への興味を高めましょう。

どうぞ

200円です

1・2歳児 わくわく お買い物

## 衣装

**材料** ●不織布 ●布 ●レース

### 子ども
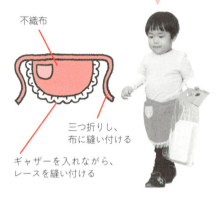
- 不織布
- 三つ折りし、布に縫い付ける
- ギャザーを入れながら、レースを縫い付ける

### お母さん（保育者）
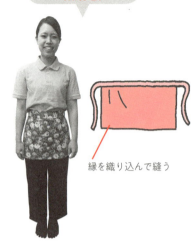
- 縁を織り込んで縫う

### 店員（保育者）
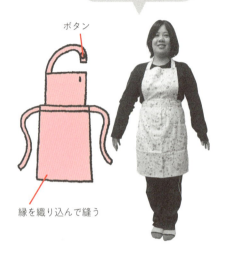
- ボタン
- 縁を織り込んで縫う

## 小道具・大道具

**材料** ●ポリ袋 ●段ボール板 ●カレールウの空き箱 ●紙粘土 ●弁当容器 ●新聞紙 ●色画用紙 ●カラービニールテープ ●スズランテープ ●布 ●片段ボール ●プラスチックのお皿 ●段ボール箱 ●色紙 ●机 ●椅子

### 買い物袋

- 段ボール板に穴をあけて貼る
- ポリ袋

### カレールウ

- カレールウの空き箱
- 粘土を丸める

### 肉

- 弁当容器
- 紙粘土に赤と白の絵の具を混ぜて形を整える

### タマネギ

- 色画用紙をクシャクシャにして形を整える

### ジャガイモ

- 色画用紙をクシャクシャにして形を整える

### ニンジン
- スズランテープを貼り付ける
- 新聞紙をくしゃくしゃにして形を整え、カラービニールテープを巻く

### お金

- 画用紙に絵を描く
- ラミネートする

### カレーライス
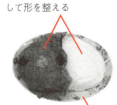
- 色画用紙をクシャクシャにして形を整える
- プラスチックのお皿

### お店

- 段ボール板に布を掛ける
- 色画用紙
- 段ボール箱に段ボールをしっかり貼り付ける

### 鍋
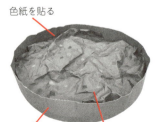
- 色紙を貼る
- 片段ボール
- 新聞紙を丸めて入れ、色画用紙をクシャクシャにしてかぶせる

## 流れ

**アナウンス例**: ふだんの保育の中で、いろいろなお買い物ごっこを楽しんでいる子どもたち。今日はみんながリクエストしたカレーを作るため、お買い物に出掛けます。ハラハラ、ドキドキ、さあ無事にお買い物ができるでしょうか。そして、カレーを作れるでしょうか。

| | |
|---|---|
| お母さん | 今日の夕ご飯は何がいいかしら？ |
| 全員 | カレーがいい！ |
| お母さん | わかったわ。では、みんなにお買い物を手伝ってもらってもいいかしら？ |
| 全員 | は〜い |

**肉とルウの場面**

| | | |
|---|---|---|
| お母さん | では、準備をしましょう！〇〇ちゃん、△△ちゃんは、豚肉とカレールウを買ってきてね。お金を落とさないようにね。 | |
| 〇〇ちゃん △△ちゃん | は〜い、行ってきま〜す | 買い物袋を持って出発 |
| CD 41 BGM | 『ドレミファだいじょーぶ』（楽譜 p.72） | 曲に合わせて店探しをする<br>お店を見つける |
| 店員 | いらっしゃい | |
| 〇〇ちゃん △△ちゃん | こんにちは | |
| 店員 | 今日は何にしましょう | |
| 〇〇ちゃん | お肉ください | |
| △△ちゃん | カレールウください | |
| 店員 | お肉とカレールウですね。全部で100円です。 | |
| 〇〇ちゃん | どうぞ | |
| △△ちゃん | どうぞ | お金を渡す |
| 店員 | お肉とカレールウです | 肉とカレールウをひとつずつかばんに入れる |
| 〇〇ちゃん | ありがとう | |

※1歳児の場合、無理なく声が届くようにマイクを使うのもいいでしょう。

**6　1・2歳児　わくわく　お買い物**

**野菜の場面**

| | | |
|---|---|---|
| △△ちゃん | ありがとう | |
| 店員 | 気を付けてね | ○○と△△、退場する |

| | | |
|---|---|---|
| お母さん | □□ちゃん、▷▷ちゃんは八百屋さんでタマネギとジャガイモとニンジンを買ってきてね | |
| □□ちゃん ▷▷ちゃん | は〜い、行ってきま〜す | 曲に合わせて店探しをする お店を見つける |

CD 41 BGM 『ドレミファだいじょーぶ』（楽譜 p.72）

| | | |
|---|---|---|
| 店員 | いらっしゃい | |
| □□ちゃん ▷▷ちゃん | こんにちは | |
| 店員 | 何にしましょう | |
| □□ちゃん | タマネギとジャガイモください | |
| ▷▷ちゃん | ニンジンください | |
| 店員 | タマネギとジャガイモとニンジンですね。全部で100円です。 | |
| □□ちゃん | どうぞ | |
| ▷▷ちゃん | どうぞ | お金を渡す |
| 店員 | タマネギとジャガイモとニンジンです | タマネギとジャガイモとニンジンをかばんに入れる |
| □□ちゃん | ありがとう | |
| ▷▷ちゃん | ありがとう | |
| 店員 | 気を付けてね | □□と▷▷、退場する |

タマネギとジャガイモください

全員の場面

| お母さん ▶ | お買い物のお手伝いをありがとう。よく頑張ったね。助かったわ。では、今からみんなでカレーを作りましょう。 |

◎ CD ㊷ BGM ○─『みつばちマーチ』(楽譜 p.73)　　お鍋を出して後ろに並ぶ

◎ CD ㊸ 歌 ○─『カレーライスのうた』(楽譜・手遊び p.74)
♪にんじん　たまねぎ　じゃがいも　ぶたにく
　おなべで　いためて　ぐつぐつ　にましょう
　(アッチッチッチッチッ)
♪おしお　カレールー　いれたら　あじみて
　こしょうを　いれたら　はいできあがり
　(どーぞ)

1回目：材料を置いて手遊びをする
2回目：鍋に自分で買った物を入れる

お玉で混ぜるまねをする

◎ CD ㊹ BGM ○─『おもちゃの兵隊のマーチ』(楽譜 p.75)

| お母さん ▶ | わあ！　できましたよ！ |
| お母さん ▶ | おいしそうにできたね。みんなで楽しくいただきましょう。 |

一人ずつカレーを
受け取り椅子に座る

| 全員 ▶ | いただきます |

「いただきます」をする
食べるまねをする

| お母さん ▶ | おいしかったね |
| 全員 ▶ | ごちそうさま |

ごちそうさまをする

◎ CD ㊷ BGM ○─『みつばちマーチ』(楽譜 p.73)　　真ん中へ移動する

◎ CD ㊺ 歌なし ○─『カレーライスのうた』(楽譜 p.74)　　全員で歌う

アナウンス例
みんなで作ったカレーは特別おいしかったことでしょう。様々な貴重な体験、お友達と一緒に経験したこと、すべて今後の成長に結びつき、つながっていくでしょう。

6　1・2歳児　わくわく　お買い物

# みつばちマーチ

外国曲　編曲：白石 准

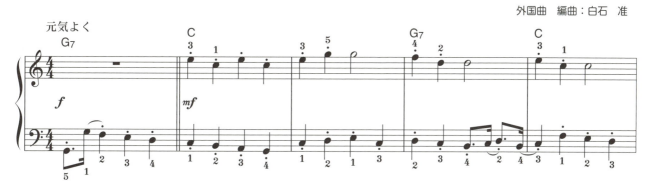
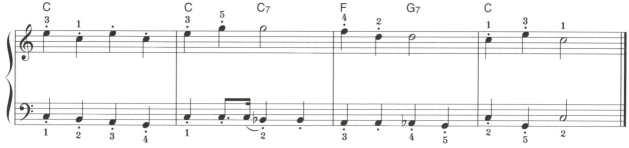

6　1・2歳児　わくわく　お買い物

43 歌入り
45 歌なし

# カレーライスのうた

作詞：ともろぎゆきお　作曲：峯　陽　編曲：白石　准

1番

1 にんじん

両手でＶサインをする。

2 たまねぎ

両手を合わせて膨らませ、タマネギの形を作る。

3 じゃがいも

両手をグーにして、軽く頭をたたく。

4 ぶたにく

人さし指で鼻を上にあげる。

5 おなべで

両手で円を作ってお鍋の形にする。

6 いためて

片手で炒める動作をする。

7 ぐつぐつ　にましょう
8 (アッチッチッチッチッ)

両手を上に向けて、グーパーの動作を交互にする。

2番

1 おしお

両手で塩を振り掛けるしぐさをする。

2 カレールー

カレールーの形を作る。

3 いれたら
4 あじみて

右手の人さし指でなめるしぐさをする。

5 こしょうを
6 いれたら

コショウのビンを振るしぐさをする。

7 はいできあがり

拍手をする。

8 (どーぞ)

両手を前に出し、カレーを出すしぐさをする。

## 7 1・2歳児

# おむすびころりん

**こんなクラスにオススメ！**
日本に古くから伝わるお話を知り、表現することで、より一層興味をもち、関心を深めます。遊びを取り入れているので、1・2歳児にぴったりです。

### 子どもの姿に合わせて選ぶ ポイント
日本に古くから伝わる昔話、「おむすびころりん すっとんとん」と、この歌うかのような言葉は心に残ります。「おにぎり」ではなく「おむすび」とあえて言うのは…？拍子木の音と同時に幕が開きます。

### 子どもの育ち・ねらい
異年齢児での参加の場合は、お互いのよいところを認め合い劇遊びを楽しむことが大切です。たくさんの友達と役を演じ、言葉や身体全体でのびやかに楽しく表現できた満足感を味わえるといいですね。

## ふだんのあそび

### 代表的名作は絵本や紙芝居で！
代表的な名作『おむすびころりん』を、絵本や紙芝居で親しみましょう。

**育ちの姿より**
ふだんからお話に親しむ習慣をつけるとよいですね。子どもたちの大好きな世界の童話や日本昔話などは語り伝えられるようにしましょう。

### おむすび作りに挑戦！
新聞紙を丸めたり、空気の抜けたボールを使ったりしておむすび作りをしましょう。

**育ちの姿より**
劇を楽しむひとつとして、小道具や大道具作りを子どもたちと一緒に楽しみましょう。作った物を実際使うことにより、より一層気分も高まります。

## マットや滑り台で"おむすびころりん"サーキット

お山乗り越しやおいもゴロゴロ（1歳児）、マットで前転（2歳児）をしておむすびの転がる様子を表現したり、低い滑り台を使って穴に滑り込んでいったりして遊びましょう。

※前転をするときは、手を着く場所がわかるように印を付けておくといいでしょう。

### 育ちの姿より

ふだんの保育の中での遊び（サーキット遊び）をそのまま劇中に組み込んで生かすことができれば、改めて練習する必要もなく、子どもたちもふだん通り楽しむことができます。

## 餅つきごっこでぺったんこ！

餅つきごっこでお餅をついてみましょう。実際に見たり、体験したりする機会があればなおいいですね。

### 育ちの姿より

お餅を食べた経験はあってもどのような過程でできているかはわかっていない場合もあります。臼や杵を使って餅つきをしたり、食べている様子を表現したりして、歌と共に表現できると楽しくなります。

## 衣装

　●不織布　●カラー帽子　●綿　●平ゴム

※異年齢でする場合、ウサギやネズミを年齢の低い子どもがするとよいでしょう。

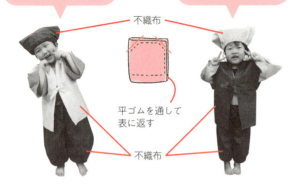

- おじいさん①②：不織布、平ゴムを通して表に返す、不織布
- おばあさん：不織布
- ウサギ①〜⑦、A〜E：不織布に綿を詰める、カラー帽子、不織布
- ネズミ（あ）（い）（う）：不織布

## 小道具・大道具

　●ゴムボール　●半紙　●紙パック　●洗濯かご　●洗面器　●棒芯（なければ、画用紙を巻いたもの）　●不織布　●色画用紙　●新聞紙　●段ボール箱　●段ボール板　●布　●メッシュトンネル　●室内用滑り台　●ポリ袋

### おむすび

ゴムボールにちぎった半紙を貼り、乾かす

### 家

段ボール板に色画用紙を貼る／絵の具で塗る／段ボール箱に貼る

### 切り株

段ボール板に色画用紙を貼り、絵の具で塗る／紙パックに新聞紙を入れたものを重ねて布を貼る

### 穴

メッシュトンネル／色画用紙で包む

### 滑り台

色画用紙を貼る

### びょうぶ

段ボール板に色画用紙を貼る／絵の具で塗る

### 杵＆臼

紙パックに色画用紙を貼る／穴を開けて通す／棒芯に色画用紙を貼る／不織布の形を整えて入れる／洗濯かごに色画用紙を貼る／洗面器に色を塗る

### 餅

シュレッダーにかけた新聞紙をポリ袋に入れる／半紙で包む

## 流れ

**アナウンス例**: 運動会では、異年齢児ペアで心を合わせてゲームに挑んだことは、まだ記憶に新しく残っています。今日は、各年齢の子どもたちが言葉や身体全体で表現し、一緒にお話を展開します。

| | | |
|---|---|---|
| **ナレーター** | 『おむすびころりん』始まり、始まり | |
| **CD㊻効果音** | 『拍子木』 | あれば、拍子木を打つ |
| **CD㊼BGM** | 『故郷』（楽譜p.83） | |
| **ナレーター** | 昔あるところに、おじいさんとおばあさんとウサギさんたちが仲良く住んでいました。<br>ある日、おじいさんとウサギさんたちは、山に木を切りに出掛けました。 | おじいさん①とおばあさん登場 |
| **おじいさん①** | おばあさんや、山へ行ってくるよ。 | |
| **おばあさん** | はいはい、おじいさん、気を付けて行ってらっしゃい。お昼のおむすびですよ。ウサギさんの分も持って行ってくださいな。 | おばあさん、おむすびをおじいさん①に渡す |
| **おじいさん①** | おばあさん、ありがとう。行ってきます | |
| **おばあさん** | 行ってらっしゃい | おばあさん退場<br>おじいさん①、舞台を一周する |

**山の場面**

| | | |
|---|---|---|
| **ナレーター** | お山に着いたら、もうお昼。<br>さっそくおじいさんたちは木の株に座って、おむすびを食べ始めました。<br>その時です。おむすびがひとつころんと転がってしまいました。 | おじいさん②、おむすびを食べるしぐさをする<br><br>おじいさん②、おむすびを穴の中に転がす |
| **CD㊽効果音** | 『ヒュー　トン』（おむすびが穴に落ちる音） | |
| **おじいさん②** | 待て、待て。おむすびや〜い | |

**7　1・2歳児　おむすびころりん**

🎵 CD ㊾ 歌 ○━ 『おむすび ころころりん』1番
（『ごんべさんのあかちゃん』のメロディで 楽譜 p.84）
♪おむすびころりん　ころころりん
　ころんであなへ　おっこちた
　ころころころころ　すっとんとん
　ころころあなへ　おちてった

おじいさん②、転がったおむすびを追い掛ける

▶ ナレーター ▶ 穴に耳を傾けると、かわいい歌が聞こえてきました。

穴に耳を傾ける

▶ おじいさん② ▶ かわいい声じゃ。そうだ、おばあさんも呼ぼう

▶ おじいさん①② ▶ おばあさんやーい

▶ おばあさん ▶ は〜い

▶ おじいさん② ▶ もうひとつ転がしてみよう

▶ ナレーション ▶ おむすびを追い掛けて、おじいさんとおばあさんも穴へ入っていきました。

おじいさん①②とおばあさん、マットで前回りをして、滑り台をすべる

🎵 CD ㊿ 歌 ○━ 『おむすび ころころりん』2番
（『ごんべさんのあかちゃん』のメロディで 楽譜 p.84）
♪おむすびころりん　ころころりん
　ころんであなへ　おっこちた
　ころころころころ　すっとんとん
　たのしいところに　つきました

**ウサギⅠの場面**

▶ ナレーター ▶ 穴へ入っていったおじいさんとおばあさんが心配になったウサギさんたちは、穴をのぞきに行きました。

ウサギAたち、穴をのぞき込む

▶ ウサギA ▶ おーい。おじいさん、おばあさん
そうだ！　ぼくたちも転がしてみよう！

▶ ウサギ①②③ ▶ そうしよう。いち、にのさん

ウサギA①②③、おむすびを穴の中に転がす

🎵 CD ㊽ 効果音 ○━ 『ヒュー　トン』（おむすびが穴に落ちる音）

ナレーター　ウサギさんたちも穴に入っていきました。

ウサギA①②③、マットで前回りをして、滑り台をすべる

CD (51) 歌　『おむすび　ころころりん』3番
（『ごんべさんのあかちゃん』のメロディで　楽譜 p.84）

♪おむすびころりん　ころころりん
ころんであなへ　おっこちた
ころころころころ　すっとんとん
ねずみのくにへ　つきました

## ウサギⅡの場面

うさぎ④　楽しそう

うさぎ⑤⑥⑦　中に入ってみよう

ウサギ④⑤⑥⑦、マットで前回りをして、滑り台をすべる

CD (51) 歌　『おむすび　ころころりん』3番
（『ごんべさんのあかちゃん』のメロディで　楽譜 p.84）

♪おむすびころりん　ころころりん
ころんであなへ　おっこちた
ころころころころ　すっとんとん
ねずみのくにへ　つきました

## ネズミの国の場面

ウサギ BCDE とネズミ登場

ウサギB　こんにちは。ここはどこ？

ネズミ（あ）　ようこそ、楽しいネズミの国へ

ネズミ（い）　先程は、おいしいおむすびをありがとう

ウサギC　どういたしまして

ウサギD　楽しそう。私たちも一緒に入れて

ウサギE　そうだね、ぼくたちも入れてよ

ネズミ（あ）　いいよ

ネズミ（い）　お礼にごちそうを食べてください

ネズミ（う）　みんなで楽しく遊びましょう

| 全員 | そうしましょう、そうしましょう |

CD ㊷ 歌 →『もちつき』(楽譜 p.85)　　　全員が順番に餅をつく

♪ぺったんこ　ぺったんこ
　もちつきぺったんこ
　それつきかえせ　やれつきかえせ
　もうじきつけるぞ　ぺったんこの　ぺったんこ

CD ㊼ BGM →『故郷』(楽譜 p.83)

| ナレーター | お餅ができ上がったようですよ | 餅を配る |
| ナレーター | 準備ができたようです。いただきましょう | 餅を食べる |
| 全員 | いただきます |

CD ㊼ BGM →『故郷』(楽譜 p.83)

| ナレーター | 食べ終わったようです |
| 全員 | ごちそうさまでした |

CD ㊹ 歌 →『ネズミのくには』
(『グーチョキパーでなにつくろう』のメロディで　楽譜 p.85)

♪ねずみのくには　たのしいところ
　おいしいごちそう　おうたやおどり
　なかよく　あそぼう

| ナレーター | 不思議な穴の中のネズミの国では、ずっとずっと楽しい歌や踊りがいつまでも続きました。みんなのお顔はにこにこ笑顔。心温まる幸せなお話はこれにて、 |

あれば、拍子木を打つ

CD ㊻ 効果音 →『拍子木』

| ナレーター | 終わりです |

**アナウンス例**
異年齢児の絶妙なコミュニケーションの様子は、いかがでしたでしょうか。みんなで助け合いながら「おむすびころりん」という作品を演じた経験は、これからも生かされていくことと思います。

## おむすび ころころりん

(『ごんべさんのあかちゃん』アメリカ民謡 のメロディで)
替え歌詞：島津多美子　編曲：白石 准

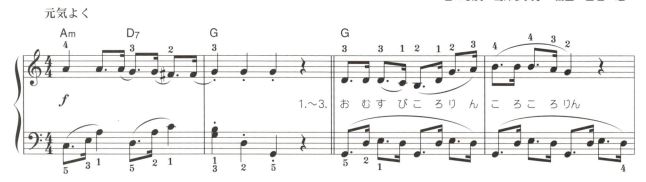

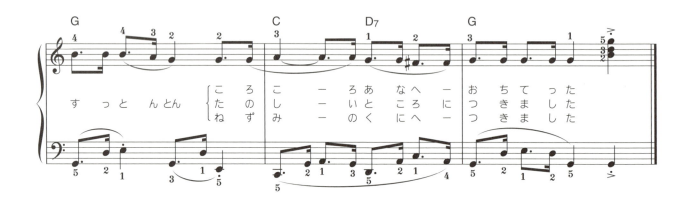

# もちつき

# ネズミのくには

8

2歳児

# 大好きなみんなから ハッピーバースデー

**このクラスにオススメ！**
クラス全員で誕生児を祝う準備をします。みんなで心を合わせて楽しい場面を共有できる心地よさを味わってほしいです。誕生会で保育者たちが演じるのもいいですね。

### 子どもの姿に合わせて選ぶ ポイント

子どもたちが首を長くして待ちわびているお誕生日。今日はついにやってきた誕生会の日。その"ワクワクドキドキ"感が各シーンで楽しく伝わってきます。

### 子どもの育ち・ねらい

誕生児たちをお祝いしようとお友達が集まりました。どうやって誕生児たちを喜ばせようかと考えます。お友達に対する思いやりや温かい気持ちを感じとってほしいと思います。

## ふだんのあそび

### 🌼 絵本に親しもう！

『プレゼントをどうぞ』
ひらのゆきこ／作　ひかりのくに／発行

動物たちがプレゼントをお届け！　くだもの・お花・ケーキなど、嬉しいプレゼントがいーっぱい！　なぞるとでこぼこの感触が楽しいページが付いて、子どもたちへのプレゼントにぴったりな絵本です。

### 🌼 ごっこ遊びを楽しもう

手作りおもちゃのケーキを前に、バースデーごっこが始まります。

♪ハッピーバースデートゥーユー

**育ちの姿より**
ひとりに集中するのではなく、輪になって遊んでいる全員の名前が『ハッピー・バースデー・トゥー・ユー』の歌の繰り返しで出てきます。みんなが順番に主役になり、楽しそうです。

ふぅー

## プレゼントを作ろう！

プレゼントを一緒に作りましょう。中に入れるお花やケーキ、箱もデコレーション！　できあがったプレゼントを箱に入れるときは、ワクワク！

### 育ちの姿より

劇中の最後ではびっくり箱を開け、盛り上がります。箱の中味は自分たちで製作するとより楽しくなります。

一つひとつお花を作って花束に！

びっくり箱開けたら…わぁ！

お花がいっぱいのプレゼントBOX！

リボンをかけてラッピング！

ケーキもみんなでデコレーション！

プレゼントBOXもかわいく飾り付け！

作ったケーキはさらにごっこ遊びへ！

8　2歳児　大好きなみんなからハッピーバースデー

## 衣装

- ●フェルト　●ぼんぼり

### 誕生児

- フェルトを切って、両端を貼り合わせる
- ぼんぼり

### 子ども

通常の服

## 小道具

●市販の箱　●色画用紙　●スポンジ　●フラワーペーパー　●不織布　●リボン　●段ボール箱　●布やシールなど　●紙パック　●食品の空き容器　●輪ゴム　●ブッカー　●市販のケーキの箱　●厚紙　●フェルト　●ぼんぼりなどの飾り　●太いストロー　●紙粘土　●椅子　●机

### プレゼントBOX お花×2

- 市販の箱
- 色画用紙
- スポンジを重ねて立体的に
- フラワーペーパーで花を作る
- 開ける
- 入れる
- 不織布で束ねる
- リボンを結ぶ

### プレゼントBOX びっくり箱

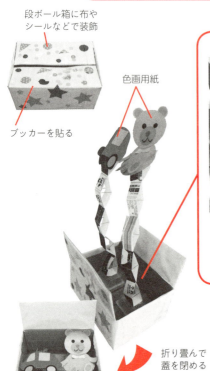

- 段ボール箱に布やシールなどで装飾
- 色画用紙
- ブッカーを貼る
- 折り畳んで蓋を閉める

**仕掛け**

- 5.5cm幅に切った紙パック×5
- 切り込みを入れて輪ゴムを引っ掛ける
- セロハンテープでつなげる
- 折って貼り付ける
- 食品の空き容器などを重ねて高さを調節する

### プレゼントBOX ケーキ

- 市販のケーキの箱
- フェルト
- ぼんぼりなどでデコレーション
- 厚紙や紙パックで土台を作り、フェルトを貼る

**ろうそく**

- フェルト
- 太いストロー
- 紙粘土

## 流れ

誕生会を楽しみにしているのは、誕生児だけでなく、周りのお友達もみんなです。にぎやかな声が聞こえてきました。誕生会が始まります。

| | | |
|---|---|---|
| ナレーター | 今日は【誕生児Ⓐ】ちゃん、【誕生児Ⓑ】くん、【誕生児Ⓒ】ちゃんの2歳のお誕生日。<br>たくさんのお友達がバースデーパーティーにやってきました。 | ※【　】は子どもの名前 |

**誕生児Ⓐの場面**

| | | |
|---|---|---|
| 保育者 | お友達を紹介します。<br>いつもにこにこ、【子ども①】ちゃん | 子ども①、前に出る |
| 子ども① | は〜い | |
| 保育者 | いつもやさしい、【子ども②】くん | 子ども②、前に出る |
| 子ども② | は〜い | |
| 子ども① | 【誕生児Ⓐ】ちゃん、プレゼントよ | 誕生児Ⓐ、前に出てプレゼントBOX（お花）をもらう |
| 子ども② | 【誕生児Ⓐ】ちゃん、蓋を開けて | |
| CD 57 効果音 | 『ジャッジャジャーン』（蓋を開ける音） | 誕生児Ⓐ、机に置いて蓋を開ける |
| CD 58 歌 | 『ハッピー・バースデー・トゥー・ユー』（楽譜p.92）<br>♪ハッピーバースデー　トゥーユー<br>　ハッピーバースデー　トゥーユー<br>　ハッピーバースデー<br>　ディア　【誕生児Ⓐ】ちゃん<br>　ハッピーバースデー　トゥーユー | みんなで歌う |
| 子ども①② | おめでとう | |
| 誕生児Ⓐ | ありがとう | 子ども①②と誕生児Ⓐ、椅子に座る |

**誕生児Ⓑの場面**

| | | |
|---|---|---|
| 保育者 | 力持ちの【子ども③】くん | |
| 子ども③ | は〜い | 子ども③、前に出る |
| 保育者 | 元気いっぱい【子ども④】ちゃん | |

**8　2歳児　大好きなみんなから ハッピーバースデー**

| | | |
|---|---|---|
| 子ども④ | は〜い | 子ども④、前に出る |
| 子ども③ | 【誕生児Ⓑ】くん、プレゼントだよ | 誕生児Ⓑ、前に出てプレゼントBOX（お花）をもらう |
| 子ども④ | 【誕生児Ⓑ】くん、蓋を開けて | |
| CD57 効果音 | 『ジャッジャジャーン』（蓋を開ける音） | 誕生児Ⓑ、机に置いて蓋を開ける |
| CD58 歌 | 『ハッピー・バースデー・トゥー・ユー』（楽譜p.92）<br>♪ハッピーバースデー　トゥーユー<br>　ハッピーバースデー　トゥーユー<br>　ハッピーバースデー<br>　ディア　【誕生児Ⓑ】くん<br>　ハッピーバースデー　トゥーユー | みんなで歌う |
| 子ども③④ | おめでとう | |
| 誕生児Ⓑ | ありがとう | 子ども③④と誕生児Ⓑ、椅子に座る |

## 誕生児Ⓒの場面

| | | |
|---|---|---|
| 保育者 | お絵描きが大好き【子ども⑤】ちゃん | |
| 子ども⑤ | は〜い | 子ども⑤、前に出る |
| 保育者 | かけっこの速い【子ども⑥】くん | |
| 子ども⑥ | は〜い | 子ども⑥、前に出る |
| 子ども⑤ | 【誕生児Ⓒ】ちゃん、プレゼントよ | 誕生児Ⓒ、前に出てプレゼントBOX（びっくり箱）をもらう |
| 子ども⑥ | 【誕生児Ⓒ】ちゃん、蓋を開けて | |
| CD59 効果音 | 『ビヨヨ〜ン』（びっくり箱を開ける音） | 誕生児Ⓒ、机に置いて蓋を開ける |
| 誕生児Ⓒ | わぁ！　びっくりした！ | |
| 子ども⑤⑥ | おめでとう！ | |
| 誕生児Ⓒ | ありがとう | |

| ケーキの場面 | | | |
|---|---|---|---|
| | 🎵 CD ❺❽ 歌 | 『ハッピー・バースデー・トゥー・ユー』(楽譜p.92)<br>♪ハッピーバースデー　トゥーユー<br>　ハッピーバースデー　トゥーユー<br>　ハッピーバースデー<br>　ディア　【誕生児Ⓒ】ちゃん<br>　ハッピーバースデー　トゥーユー | みんなで歌う |
| | 保育者 | いちばん最後はみんなからみんなへのプレゼントです。<br>開けてみて！ | 子ども①②③④、机にプレゼントBOX（ケーキ）を置く<br>誕生児ⒶⒷⒸ、箱を開けてケーキを取り出す |
| | 誕生児ⒶⒷⒸ | わあ、おいしそう！ | |
| | 🎵 CD ❻⓿ 歌 | 『ハッピー・バースデー・トゥー・ユー』(楽譜p.92)<br>♪ハッピーバースデー　トゥーユー<br>　ハッピーバースデー　トゥーユー<br>　ハッピーバースデー<br>　ディア　【誕生児Ⓐ】ちゃん<br>　【誕生児Ⓑ】くん【誕生児Ⓒ】ちゃん<br>　ハッピーバースデー　トゥーユー | みんなで歌う  |
| | 子ども①〜⑥ | お誕生日おめでとう | |
| | 誕生児ⒶⒷⒸ | ありがとう | |
| | 🎵 CD ❻⓿ BGM | 『ハッピー・バースデー・トゥー・ユー』 | |
| | ナレーター | みんなにお祝いしてもらってよかったね。<br>楽しいバースデーパーティーは、まだまだ続きます。 | |

**アナウンス例**
クラスのみんなが、誕生児たちのためにいろいろなプレゼントを準備してくれて、心温まる誕生会となりました。みんなで食べたケーキもきっとおいしかったことでしょう。

## 楽譜

🔴 58 歌入り
🔴 60 歌なし

# ハッピー・バースデー・トゥー・ユー

作詞・作曲：ミルドレッド・J・ヒル、パティ・スミス・ヒル　編曲：白石 准

🔴 57 効果音　『ジャッジャジャーン』（蓋を開ける音）

🔴 59 効果音　『ビヨヨ〜ン』（びっくり箱を開ける音）

# 便利！お面の型紙

「3 だっこで"ぎゅっ"」（p.5、p.40～47）のお面の型紙です。400%に拡大してお使いください。

**2歳児**

# けんかはやめやさ～い

**こんなクラスにオススメ！**
子どもたちが演じるだけでなく、保育者の出し物として新入園児の歓迎会や対面式、誕生会などにも使えます。子どもは、より一層興味深く見るようになります。

### 子どもの姿に合わせて選ぶポイント

しつけや約束事は、言葉で伝えてもなかなか理解できないことが多いのですが、絵本や紙芝居などで視覚的に見せるとわかりやすくなる場合があります。劇化することによりさらに楽しく理解が深まります。

### 子どもの育ち・ねらい

子どもたちの遊びのなかでも日常茶飯事で起きているけんかを取り上げ、一緒にどう解決するのがよいかを考えたり、仲直りした時やその後の爽快感を味わったりして、友達関係が良くなっていくことと思います。

## ふだんのあそび

### 絵本を楽しもう！

『けんかはやめやさ～い』
絵／わたなべあや
文／きだにやすのり
発行／ひかりのくに

きょうだいやお友達との仲直り・仲良く遊ぶがテーマです。けんかをした時はこんな解決法があるよ、とお野菜たちが教えてくれます。「かーしーてー」の言葉や、はんぶんこ、順番、じゃんけんなど、仲良く遊べるヒントが満載です。

**おやさい生活絵本**
かわいいお野菜のキャラクターたちと一緒に楽しくやさしく生活習慣やあいさつの大切さを学べます。

『ありがとまと』

『ごめんやさい』

『も・や・し～！』

『かたづけやさーい』

### 育ちの姿より

子どもたちのふだんの生活の中で起こることを、絵本を通して知っていきます。ふだんからいろんな絵本に触れ、親しんでいきましょう。

やめやさ～い

## 日常の中で

けんかが起こったときに、まず第一に子どもの話に耳を傾けながら、気持ちに寄り添いましょう。両者の話を聞きながら、「どうするといいかな？」と問いかけてみるといいでしょう。

### 育ちの姿より

自我が芽生える時期、自分の気持ちをなかなか言葉にできない葛藤も出始めます。子どもの話を聞きながら、共感をし、伝えていきましょう。

**2歳児 けんかはやめやさ〜い**

## 衣装

●カラーポリ袋　●平ゴム　●紙パック　●不織布　●モール　●綿　●針金
アレンジの材料：●カラーポリ袋　●針金ハンガー　●エアークッション
●スズランテープ

### 赤パプリカ
- 綿をつめる
- 緑色のカラーポリ袋
- 平ゴムをつける
- 針金を通す
- 赤色のカラーポリ袋

### ピーマン
- 綿をつめる
- 緑色のカラーポリ袋
- 緑色のカラーポリ袋

### レンコン
- 黄色のカラーポリ袋
- 茶色のカラーポリ袋
- 円形に切って貼る
- 丸く切り抜く

### キュウリ
- 不織布
- モールを巻いて貼る
- 緑色のカラーポリ袋

( アレンジとして登場させてもいいですね )

### ニンジン
- モールをねじり、穴をあけて差し込む。内側でもねじる
- 橙色のカラーポリ袋

### 帽子の基本の作り方
- 紙パックを帯状に切る
- ホッチキスで留める
- 両端を折って輪ゴムを挟み、ホッチキスで留める

### トウモロコシ
- スズランテープを束ねて裂き、穴をあけて差し込み、折って貼り付ける
- 黄色のカラーポリ袋
- エアークッション
- 黄緑色のカラーポリ袋

### シイタケ
- 茶色のカラーポリ袋で頭部の盛り上がりを作り、両面テープで貼る
- エアークッション
- 黄色のカラーポリ袋
- 針金ハンガーを伸ばし、2重の輪にする　大・小（子どもの頭の大きさ）作る
- 白色のスズランテープを掛けて留める

## 小道具・大道具

　●色画用紙　●新聞紙　●磁石

### ドーナツ
- 両端に磁石を付けて貼り合わせる
- 新聞紙をクシャクシャにして形を整え、色画用紙でくるむ

### ままごと道具

### 三輪車

### 滑り台

| | | |
|---|---|---|
| **流れ** | アナウンス例：お友達と仲良くなる過程にはけんかも経験します。さあ、けんかの際、どんな方法で仲直りするのでしょうか。登場する野菜たちと一緒に考えてみてください。 |  |

| | | |
|---|---|---|
| 保育者 | みんなも大好きなお野菜たちが出てきましたよ。紹介しましょう。 | |
| 全員 | は〜い | 全員登場 |
| 保育者 | お野菜たちが集まって楽しくおままごとをして遊んでいました。ところがしばらくすると、けんかをする声が聞こえてきました。 |  |

**ピーマンの場面**

| | | |
|---|---|---|
| 赤パプリカ／ピーマン | このおなべ、私が使ってたの。プンプン／違うよ、ぼくが使ってたんだよ | 赤パプリカとピーマン、前に出るままごとセットを持つ |
| 保育者 | けんかはやめやさ〜い レンコンさんだったら、どうしたらいいかな？ | |
| レンコン① | 貸してほしいときは「かーしーてー」って言ってごらん | レンコン、前に出る |
| 保育者 | そうだね。貸してっていってみようか | |
| ピーマン／赤パプリカ | かーしーてー／いいよ | |
| CD 61 歌 | **『仲直り』貸して編**<br>(『おちゃらかホイ』のメロディで 楽譜p.100)<br>♪ふたりでけんかして　プププンノプン<br>　かしての　ひとこえで<br>　なかなおり　なかなおり | 赤パプリカとピーマン、仲直りの手遊び（p.100）をする |
| 保育者 | 「かーしーてー」って言うだけで、にこにこにっこり仲直り。よかったね<br>あれあれ、レンコンちゃんたち、プンプンのお顔だよ | 赤パプリカとピーマン、後ろにさがる |
| レンコン①／レンコン② | ドーナツ、私のだよ／違うよ、私のだよ | レンコン①②、前に出る<br>ドーナツを2人で持つ |

2歳児　けんかはやめやさ〜い

| | | | |
|---|---|---|---|
| レンコンの場面 | 保育者 | けんかはやめやさ〜い<br>おいしいドーナツはひとつしかないの。<br>どうしたらいい？　キュウリさん | |
| | キュウリ① | ふたりで仲良く半分こすればいいんじゃない？ | キュウリ①、前に出る |
| | レンコン①<br>レンコン② | そうだね。仲良く半分こ<br>仲良く半分こ | ドーナツを半分にする |
| | CD 62 歌 | 『仲直り』半分こ編<br>（『おちゃらかホイ』のメロディで　楽譜p.100）<br>♪ふたりでけんかして　プププンノプン<br>　なかよく　はんぶんこで<br>　なかなおり　なかなおり | レンコン①②、仲直りの手遊び（p.100）をする |
| | 保育者 | 仲良く半分こ。にこにこにっこり仲直り、よかったね。あれあれ、またまたキュウリちゃんたちの大きい声が聞こえてきましたよ | レンコン①②とキュウリ①、後ろにさがる |
| キュウリの場面 | キュウリ①<br>キュウリ② | 三輪車、私が先に乗りたいよ<br>私が先よ | キュウリ①②、前に出る<br>三輪車を2人で触る |
| | 保育者 | けんかはやめやさ〜い<br>あらあら、どうしましょう。ニンジンさん、教えてあげて？ | |
| | ニンジン① | 時間を決めて、順番こで遊ぼうよ | ニンジン①、前に出る |
| | キュウリ①<br>キュウリ② | そうだね、順番こで乗ろう！<br>楽しく交代、うれしいね | |
| | CD 63 歌 | 『仲直り』順番編<br>（『おちゃらかホイ』のメロディで　楽譜p.100）<br>♪ふたりでけんかして　プププンノプン<br>　じゅんばんこで　こうたい<br>　なかなおり　なかなおり | キュウリ①②仲直りの手遊び（p.100）をする |
| | 保育者 | 時間を決めて順番こ。にこにこにっこり仲直り、よかったね。あらあら、今度はみんなの大好きな滑り台でけんかが始まったようです。 | キュウリ①②とニンジン①、後ろにさがる |

## 2歳児 けんかはやめやさ～い

**ニンジンの場面**

| | | |
|---|---|---|
| ニンジン① ニンジン② | ぼくが先！ 私が先よ！ | ニンジン①②、前に出る 滑り台の前に立つ |
| 保育者 | けんかはやめやさ～い パプリカさん、ピーマンさん、いい考えを教えて？ | |
| 赤パプリカ | どうしたらいいかな？　そうだ！ | 赤パプリカ、前に出る |
| ピーマン | じゃんけんして勝ったほうが先というのはどうかな？ | ピーマン、前に出る |
| ニンジン① ニンジン② ニンジン①② ニンジン① | それがいいね 私、負けないわよ じゃんけん　ぽん！ 勝ったから僕が先ね | ニンジン①②、じゃんけんをする |

◎CD **64**歌　『仲直り』じゃんけん編

ニンジン①②、仲直りの手遊び（p.100）をする

（『おちゃらかホイ』のメロディで　楽譜p.100）

♪ふたりでけんかして　プププンノプン
　じゃんけんして　こうたい
　なかなおり　なかなおり

| | | |
|---|---|---|
| 保育者 | じゃんけんで順番決めて、にこにこにっこり仲直り。よかったね。 | |

全員で並んで手をつなぐ

◎CD **65**歌　『ケンカのあとは』

（『アルプス一万尺』のメロディで　楽譜p.101）

♪けんかのあとは　なかなおり　パンパンパン
　みんなでにこにこ　たのしくあそぼ
　ランラララララララ　ランラララララララ
　ランラララララララ　ラララララ　ヘイ

♪けんかの あとは～

**アナウンス例**
いろいろな解決方法がありましたね。これからは、仲良く遊べそうです。よかったですね。そして、忘れないでね。

# 楽譜

- 61 歌入り 貸して編
- 62 歌入り 半分こ編
- 63 歌入り 順番編
- 64 歌入り じゃんけん編
- 65 歌なし

# 仲直り

（『おちゃらかホイ』わらべうた のメロディで）
替え歌詞：島津多美子　編曲：白石 准

（小さい音符は弾かなくてもよい）

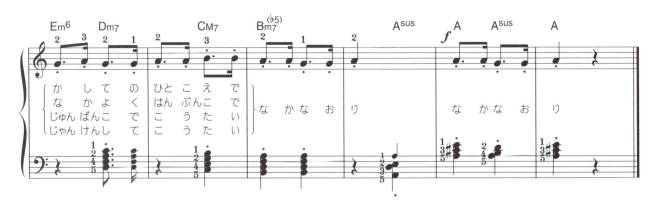

| ① ふた | ② りで | ③ けんか | ④ して | ⑤ プブ | ⑥ プンノプン |
|---|---|---|---|---|---|

1回手をたたく。　右手同士を1回たたく。　①と同じ。　左手同士を1回たたく。　①と同じ。　両手で2回たたく。

| ⑦ かしてのひとこえで | ⑧ なかなおり | ⑨ なかなおり |
|---|---|---|

両手をつなぎ、2回上下に振る。　手をつないだまま交差させ、上下に振る。　逆に交差させ、上下に振る。

# ケンカのあとは

(『アルプス一万尺』アメリカ民謡 のメロディで)
替え歌詞：島津多美子　編曲：白石 准

(小さい音符は弾かなくてもよい。その場合、指使いは変わります)

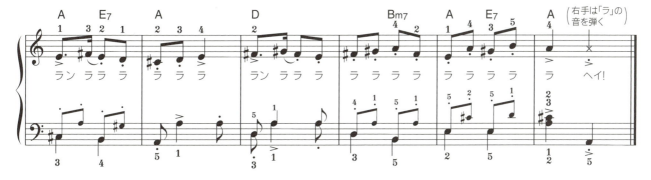

2歳児　けんかはやめやさ〜い

10

2歳児

# 楽しく変身！ファッションショー

**こんなクラスにオススメ！**
クラスのみんなの思いを、今まで学んできたことを中心に話を展開させ、自由の中にものびのびと表現することを楽しみましょう。

### 子どもの姿に合わせて選ぶ ポイント
1枚の白い布が舞い降りてきたことをきっかけに、子どもたちの経験や考えを盛り込みながら、ファッションショーという華やかなラストへ向かいます。最後は、他の年齢も加わり、全員でにぎやかなフィナーレです。

### 子どもの育ち・ねらい
子どもたちの発想やアイディアを大切に盛り込み、みんなで作ったお話を演じる"ワクワク感"を体験できればよいでしょう。衣装は自分のアイディアを生かして製作し、一人ひとりがショーですべての思いを託して披露します。

---

## ふだんのあそび

### 絵本に親しもう！
代表的な名作『ふくろうのそめものやさん』を、絵本や紙芝居で親しみましょう。

**育ちの姿より**
お話から、子どもは経験を盛り込んでいきながら遊びにつなげていきます。

### 大きい布と遊ぼう！
大きい布が変身！ 子どもたちのアイディアを取り上げ、保育者が援助しながら遊びましょう。

**綱引き**

**育ちの姿より**
子どもたちの発想や考えを大事にして遊びを広げ、みんなで楽しみます。

**ハンモック**
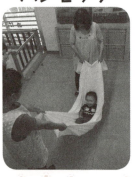

**バス**

## ごっこ遊びを楽しむ

1年を通じていろいろなごっこ遊びを経験しますが、洋服屋さん（ブティック）や装飾屋さん（イヤリング、ネックレス、ブレスレットなど）のお店屋さんごっこをしてみましょう。洋服も自分でデザインし、装飾品もみんなで作ります。洋服屋さんには試着室なども加えるとより楽しくなります。

**育ちの姿より**
自分で作った品物が売れていく、うれしい経験も貴重です。

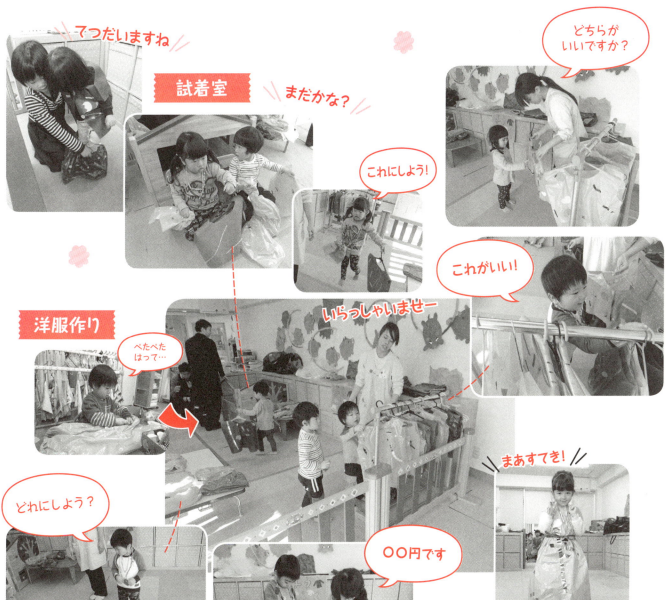

10 2歳児 楽しく変身！ファッションショー

## 衣装

**材料**: ●カラーポリ袋 ●紙パック ●キラキラテープのり付き ●不織布 ●平ゴム ●布 ●水切りネット ●毛糸 ●色画用紙

### 衣装1

**帽子**
- 紙パックを帯状に切る
- 扇型に切りホッチキスで留める

**つなぎ**
- カラーポリ袋
- キラキラテープのり付き

### 衣装2

**帽子**
- 円形に切った不織布 切り込みを入れる
- 平ゴムを通す
- 帯状の不織布を通して結ぶ

**上着**
- カラーポリ袋
- キラキラテープのり付き

**スカート**
- カラーポリ袋 折って、両面テープで留める

### 衣装3

**帽子**
- 平ゴムを通す
- 水切りネットを繋げて縫う

**上着**
- 毛糸のぼんぼり
- カラーポリ袋
- キラキラテープのり付き

**ズボン**
- カラーポリ袋
- 折って、両面テープで留める

### 衣装4

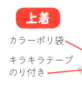

**帽子**
- 色画用紙を筒状にする
- 折って貼る

**上着**
- カラーポリ袋
- キラキラテープのり付き
- キラキラテープのり付き

**（アレンジ）**

**帽子**
- 高さを変える

## 小道具・大道具

**材料**: ●布 ●マット ●フラワーペーパー ●色画用紙

### 白い布

### 染めた布
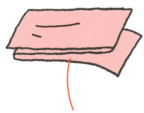
- 布を絵の具で染める

### 舞台・花道
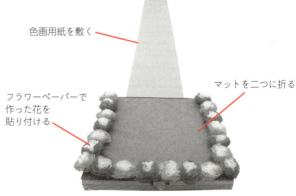
- 色画用紙を敷く
- フラワーペーパーで作った花を貼り付ける
- マットを二つに折る

## 流れ

**アナウンス例**
一年間の総まとめとなる時期、ふだんの保育の中で遊んでいる様子を見ていただきながら、子どもたちのしたいこと、考えたこと、想像したことなどを織り込み、話が展開します。クラスみんなで楽しんでいる情景をご覧ください。

| | |
|---|---|
| 保育者 | ある日、お空から長い長～い白い布が落ちてきました。 |
| CD 68 効果音 | 『ヒョ～ン』（布が落ちる音） — 保育者が舞台の中央に布を落とす |

**布で遊ぶ場面**

| | |
|---|---|
| 子ども① | これなんだろう？ — 子どもたち登場 |
| 子ども② | 大きいね |
| 子ども③ | これ使ってみんなで遊ぼう！ |
| 子ども④ | そうしよう |
| 子ども⑤ | 綱引きしよう |
| 子ども⑥ | そうしよう |
| 全員 | 賛成！　賛成！ |

| | |
|---|---|
| CD 69 BGM | 『おんまはみんな』（楽譜 p.108） |
| 保育者 | みんな、頑張ってね。<br>会場の皆様方も応援よろしくお願いします。<br>ヨーイ |

保育者が誘導して、2グループに分かれる準備ができたら、綱引きを始める

| | |
|---|---|
| CD 70 効果音 | 『ピューン』（スタートの音） |
| 会場全体 | オーエス　オーエス |

勝負がついたら場所を交代して、もう一度勝負する。出来れば、引き分けとしたい

| | |
|---|---|
| 子ども⑦ | 楽しいね |
| 全員 | 楽しいね |

**10　2歳児　楽しく変身！ファッションショー**

| 子ども⑧ | 次はバスに変身 | 保育者が布の両端を持ち、みんなで乗る。人数が多い場合は何回かに分ける。保護者に協力してもらってもよい |

CD ㉛ 歌　『みんなで行こう』
（『フニクリ・フニクラ』のメロディで　楽譜p.109）

♪バスにのって　ゴーゴーゴー
　しゅっぱつ　しんこう
　いこう　いこう　たのしいね
　みんなで　いっしょに　たのしいね
　ラララ　ラララ　ラララ　ララララ
　みんなで　たのしく　ゴーゴーゴー

| 保育者 | でも、真っ白はさみしいね | |
| 子ども⑨ | そうだ！　素敵な色に染めて、模様も付けて | |
| 子ども⑩ | きれいな布に変身させよう | 白い布を持って退場 |

布に模様をつける場面

| 保育者 | 真っ白い布がどんな色に染まるのでしょうか。楽しみです。<br>染まったようですよ。ご覧ください | |

CD ㉜ 歌　『布は何色？』
（『八百屋のお店』のメロディで　楽譜p.110）

♪きれいな　いろに　そまった　ぬのを
　みてみよう
　なにいろかな　みんなで　いおう
　あか　あお　きいろ　みどり　ピンク

染まった布を持って登場

| 子ども⑪ | きれいな色の布に模様をつけるともっとすてきになるよ | |
| 保育者 | じゃあ、みんなで模様をつけましょう。 | 染めた布に色々なものを貼って装飾する |

CD ㉝ 歌なし　『布は何色？』
（『八百屋のお店』のメロディ　楽譜p.100）

| 保育者 | 上手にできたかな？　みんなで見てみよう。<br>後で自分のお洋服を作って、ファッションショーをしたいね | |

| | | |
|---|---|---|
| **全員** | そうしよう | |
| **保育者** | みんなで服を作りに行こう | 布を持って退場し、着替える |

**ファッションショーの場面**

| | | |
|---|---|---|
| CD 74 BGM | 『ねこふんじゃった』（楽譜p.110） | 花道など、舞台の準備をする |
| **保育者** | そろそろ準備ができたようですよ | |
| CD 75 BGM | 『山の音楽家』（楽譜p.111） | |
| **保育者** | さあ、ファッションショーの始まりです。<br>まずは、〇〇くん。<br>〇〇くんは、ウサギの模様のお洋服です。<br>帽子は、水切りネットでかっこよく作りましたよ。<br>はい、ポーズ！　すてきですね！<br>みなさん拍手をお願いします。<br>※同様に一人ひとり紹介する | 一人ずつ舞台に登場<br>一人ひとりの名前、作品についてのエピソードなどを話す |

| | |
|---|---|
| **保育者** | みんなとてもすてきでしたね。<br>最後はみんなでフィナーレです。<br>盛大な拍手をお願いします。 |

全員が揃ってフィナーレ（0・1歳児も入ってもよい）

**アナウンス例**
ふだんの遊びを紹介し、その様子をご覧いただきました。子どもたちの発想を認め、心豊かに育んでいくことがいかに大切かを感じました。これからも子どもたちとコミュニケーションをより一層深め、見守りたいと思います。

**10　2歳児　楽しく変身！　ファッションショー**

## 楽譜

 BGM

# おんまはみんな

訳詞：中山知子　アメリカ民謡　編曲：白石 准

（小さい音符は弾かなくてもよい）

# みんなで行こう

(『フニクリ・フニクラ』 作曲：L.Denza のメロディで)
替え歌詞：島津多美子　編曲：白石 准

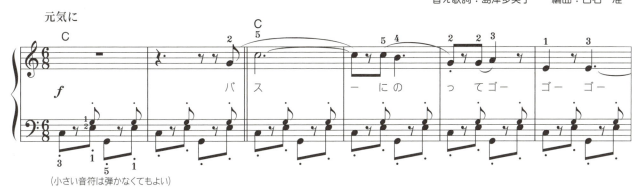
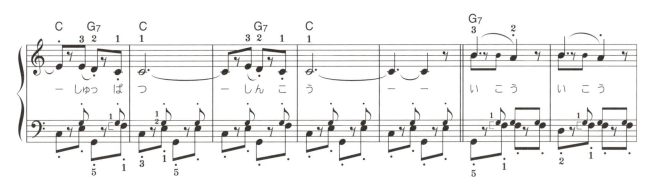
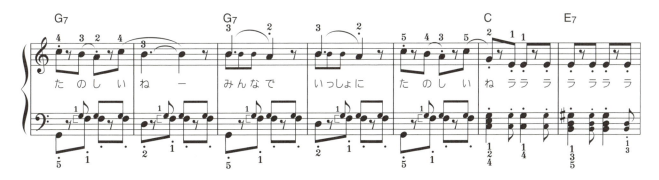
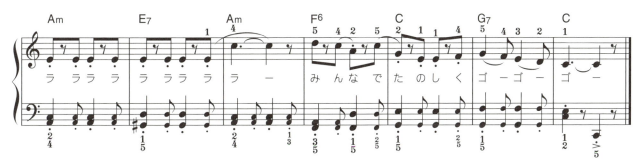

## 布は何色？

🔴 72 歌あり
🔴 73 歌なし

(『八百屋のお店』 訳詞：不詳　フランス民謡 のメロディで)
替え歌詞：島津多美子　編曲：白石 准

## ねこふんじゃった

🔴 74 BGM

作曲不詳　編曲：白石 准

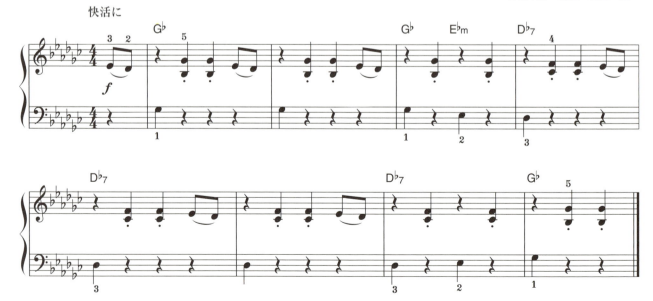

# 山の音楽家

訳詞：水田詩仙　ドイツ民謡　編曲：白石 准

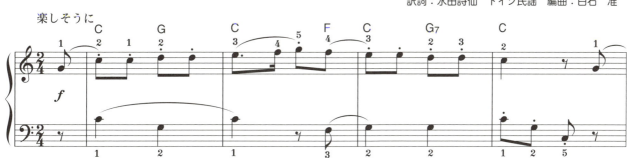

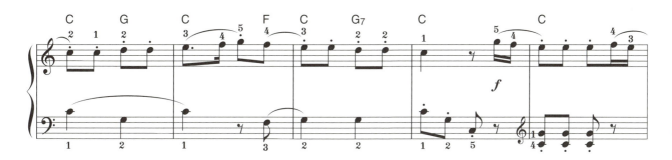

『ヒョ〜ン』（布が落ちる音）　　『ピューン』（スタートの音）

10　2歳児　楽しく変身！ファッションショー

〈編著者〉
## 島津多美子（しまずたみこ）
成蹊女子短期大学初等科を卒業後、３年間小学校に勤務。
その後、幼稚園に移り、園長職も経て退職までの37年間幼児教育に携わる。
退職と同時に保育園を開設し、現在に至る。

〈総合指導〉落岩喜久子
〈写真撮影〉落岩彩加
〈衣装製作〉古川　芳
〈脚本・演出〉前田春奈・大角遥子・小林彩香
〈選曲・構成〉島津由恵
〈小道具・大道具製作〉後藤　優・山脇龍馬・谷口晴美

〈編曲・伴奏〉
## 白石　准（しらいし　じゅん）
ピアニスト・作曲家。演奏家として様々な管弦楽団で活動中。自作の音楽と言葉の作品を演奏する山猫合奏団を主宰。

## STAFF
- 本文イラスト／柳　深雪・とみたみはる・みやれいこ・Meriko
- お面型紙／いとうえみ
- 本文デザイン／株式会社ライラック
- 楽譜浄書／株式会社福田楽譜
- CD制作／株式会社フォンテック
- 録音／Studio SHIMIZU
- 歌唱／太田真紀
- 企画・編集／長田亜里沙・山田聖子・北山文雄
- 校正／株式会社文字工房燦光

【CD音源ご使用の許諾と禁止事項について】
○弊社は、本CDに収録されている音源の権利を管理しています。
○発表会で使用し音源・映像を録音・撮影し、代行業者等の第三者に依頼して複製・販売することは、著作権法上認められておりません。
○施設・団体のPR・ご販売での出版物やウェブサイトでのご使用はできません。
○本CDに収録されている音源を複製したものを転載貸与・販売・頒布することはできません。
○本CDをご使用したことにより発生した直接的、間接的および波及効果によるいかなる損害に対して、弊社及び著作者は一切の責任を負いません。

本書の型紙以外のコピー、スキャン、デジタル化等の無断複製は著作権法上での例外を除き禁じられています。本書を代行業者等の第三者に依頼してスキャンやデジタル化することは、たとえ個人や家庭内の利用であっても著作権法上認められておりません。

### おわりに
　本書を通して、少しずつ視野が広がり、気分も楽しく変わっていったでしょうか。
　大切なことは、まず、保育者自身が楽しむこと。保育者が楽しいと子どもたちも楽しくなります。日々、一人ひとりをよく観察しておき、日頃と同じその子らしい表現がのびのびと出来ますように。一年間の総まとめとなる保育の集大成の場にふさわしい発表会となりますよう願ってやみません。

ふだんの遊び＆絵本から広がる！
## ０・１・２歳児の劇あそび　CDつき
2019年9月　初版発行

編著者　島津多美子
発行人　岡本 功
発行所　ひかりのくに株式会社
　　　　〒543-0001　大阪市天王寺区上本町3-2-14
　　　　TEL06-6768-1155　郵便振替00920-2-118855
　　　　〒175-0082　東京都板橋区高島平6-1-1
　　　　TEL03-3979-3112　郵便振替00150-0-30666
　　　　ホームページアドレス　https://www.hikarinokuni.co.jp
印刷所　NISSHA株式会社

©2019 Tamiko Shimazu　　　　　　　　　　Printed in Japan
乱丁・落丁はお取り替えいたします。　ISBN978-4-564-60933-6
JASRAC　出1904673-901
NDC376　112P　26×21cm